OCTAVIO PENNA PIERANTI

POLÍTICAS PÚBLICAS DE RADIODIFUSÃO
NO GOVERNO DILMA

1ª edição

Brasília – DF

2017

Copyright © 2017 by FAC-UnB

Capa   FAC Livros

FACULDADE DE COMUNICAÇÃO DA UNIVERSIDADE DE BRASÍLIA – FAC-UNB
Endereço: Campus Universitário Darcy Ribeiro - Via L3 Norte, s/n - Asa Norte, Brasília - DF, CEP: 70910-900, Telefone: (61) 3107-6627
E-mail: fac@unb.br

DIRETOR
Fernando Oliveira Paulino

VICE-DIRETORA
Liziane Guazina

CONSELHO EDITORIAL EXECUTIVO
Dácia Ibiapina, Elen Geraldes, Fernando Oliveira Paulino, Gustavo de Castro e Silva, Janara Sousa, Liziane Guazina, Luiz Martins da Silva.

CONSELHO EDITORIAL CONSULTIVO (NACIONAL)
César Bolaño (UFS), Cicilia Peruzzo (UMES), Danilo Rothberg (Unesp), Edgard Rebouças (UFES), Iluska Coutinho (UFJF), Raquel Paiva (UFRJ), Rogério Christofoletti (UFSC).

CONSELHO EDITORIAL CONSULTIVO (INTERNACIONAL)
Delia Crovi (México), Deqiang Ji (China), Gabriel Kaplún (Uruguai), Gustavo Cimadevilla (Argentina), Herman Wasserman (África do Sul), Kaarle Nordestreng (Finlândia) e Madalena Oliveira (Portugal).

SECRETARIA EDITORIAL
Vanessa Negrini

```
P615    Pieranti, Octavio Penna.
            Políticas públicas de radiodifusão no governo Dilma / Octavio
        Penna Pieranti. – Brasília : Universidade de Brasília, Faculdade de
        Comunicação, 2017.

            ISBN 978-85-93078-27-9.

            1. Comunicação. 2. Políticas públicas. 3. Radiodifusão –
        Políticas Públicas. 4. Brasil. Presidente (2010-2015 : Dilma
        Rousseff). I. Título.
                                            CDU 654.19(81)
```

DIREITOS DESTA EDIÇÃO CEDIDOS PARA A FAC-UNB. Permitida a reprodução desde que citada a fonte e os autores.

Às dedicadas equipes que integrei no Ministério das Comunicações (2011-2016)

Sumário

Prefácio 7

Introdução 9

Antes do Governo Dilma 15

    Primeiro Governo Lula 17

    Um rumo para a radiodifusão pública 21

    A Conferência Nacional de Comunicação 24

    Um novo marco regulatório? 29

O novo Ministério das Comunicações 33

    Estrutura 34

    Organização interna 40

    Transparência 45

Universalização da radiodifusão 51

    Planos Nacionais de Outorgas 53

    Futuro de uma política de outorgas 67

Televisão em tempos de digitalização 71

    Regulação econômica 72

    Digitalização da TV 81

    Interatividade 90

    Acessibilidade 94

    Futuro da televisão comercial 97

Rádios comerciais: que rumo? 103
    Rádio digital 104
    Migração AM/FM 113
    Futuro do rádio comercial 119

Radiodifusão estatal e pública 121
    Uma rede para a União? 125
    Canais do Poder Executivo 135
    Radiodifusão educativa 143
    Canal da Cidadania 147
    O futuro do sistema público 154

Radiodifusão comunitária 159
    O que se espera de uma rádio comunitária? 166
    Burocratizar para desburocratizar 170
    Criminalização 175
    Financiamento 181
    Futuro da radiodifusão comunitária 184

Epílogo 191

Referências 197
    Leis 197
    Decretos-lei 198
    Decretos 199
    Outras normas 200
    Publicações 203

Prefácio

Murilo César Ramos

Este livro de Octavio Penna Pieranti é um trabalho importante por razões que tentarei explicitar aqui.

Importante primeiro porque, e o autor deixa isto claro no início do trabalho, o livro contém em sua proposta a preservação da memória institucional deste país no qual a preocupação com a memória ou, melhor dizendo, com a sua própria história, está longe da ser uma prioridade nacional. Tão longe está que afirmar isto já se enquadra, infelizmente, na categoria dos truísmos.

Importante também porque o livro evita a ideia de que as políticas públicas, sejam de que setores forem, só podem ser compreendidas a partir dos grandes marcos legais, das leis gerais, dos estratégicos projetos nacionais que eventualmente contenham. As políticas públicas, e eu mesmo tenho muitas vezes incorrido nessa visão distorcida, porque parcial, emanam também, e sobretudo, daqueles princípios, diretrizes, programas, projetos que, traduzidos em normas ditas secundárias, têm o potencial de produzir mudanças positivas mesmo em um setor tão refratário a isso como o é o da radiodifusão no Brasil. Quem ler este livro aprenderá, acredito, essa significativa lição sobre administração pública.

Importante, e eu continuo, porque nos mostra como uma burocracia estatal, profissionalizada, consciente, competente, é tão necessária à democracia, mas não por negar a política, como muitas vezes se nos quer fazer acreditar, mas porque, compreendendo a política, é capaz de fazer a correta mediação entre ela, os políticos e as políticas. Tudo bem que esta pode não ser, e de certo não é, a regra geral para toda a burocracia estatal, mas o que testemunhamos neste livro é, no meu entendimento, um bom exemplo do que uma boa burocracia de Estado pode fazer em favor do interesse público.

Muitos anos atrás, em conversa com um colega que tinha sido demitido, por razões políticas, da Universidade de Brasília, ouvi dele algo como: quando me vi fora da universidade, pensei que minha vida intelectual tinha acabado, até descobrir que há vida inteligente, sim, fora da universidade.

E aqui me vejo diante do que considero mais uma característica importante deste livro, a derradeira para fins deste prefácio, que é a de demonstrar, em particular para a comunidade acadêmica, que bons trabalhos acadêmicos podem, e devem, ser produzidos fora dela. Não que o autor seja um estranho ao mundo acadêmico em sentido estrito, como o demonstram seus títulos universitários, da graduação ao doutorado, e como o demonstram seu talento para a pesquisa, haja visto seus artigos e livros anteriores. Mas, em sentido lato, Octavio Penna Pieranti ilumina para a comunidade acadêmica, em especial, para os intelectuais que, por opção, estão fora dela, a importância de debruçar-se sobre seu próprio cotidiano e, na medida do possível, registrar para a sociedade brasileira excertos tão importantes da nossa memória coletiva como este trabalho de pesquisa, registro e análise das políticas públicas de radiodifusão no Governo Dilma.

Introdução

O governo de Dilma Rousseff ficará marcado, para sempre, como uma fase de polarização explícita na sociedade e pela crise política que levou ao seu *impeachment*. Alguns artigos e livros têm tratado deste período, reunindo opiniões de todos os tipos, para todos os gostos. A minha maior contribuição ao debate público ainda a ser feito a respeito deste momento da História do país está no campo das políticas públicas. Sempre considerei difícil escrever na primeira pessoa do singular, mas, neste livro, isso será necessário. Para que o leitor possa tirar suas conclusões sobre o relato das próximas páginas, deve conhecer rapidamente a minha trajetória e o lugar do qual escrevo.

No fim de janeiro de 2011, cheguei ao Ministério das Comunicações. Até agosto de 2016, passaria, ali, por diferentes cargos: coordenador-geral de Radiodifusão Comunitária (até maio de 2012), diretor do Departamento de Acompanhamento e Avaliação (de maio de 2012 a maio de 2014), assessor da Secretaria-Executiva (de maio de 2014 a janeiro de 2016) e coordenador-geral da área responsável por radiodifusão educativa, consignações da União, Canal da Cidadania e estudos técnicos (de janeiro a agosto de 2016). Neste período, também fui substituto designado dos diretores do departamento de Outorgas e do de Acompanhamento e Avaliação, do secretário de Serviços de Comunicação Eletrônica e, por pouco tempo, do secretário-executivo. Neste período, convivi com três gestões diferentes no Ministério das Comunicações, sempre lidando com políticas públicas de radiodifusão do início do primeiro mandato ao fim do governo de Dilma Rousseff.

Cheguei a Brasília cerca de quatro anos antes, em fevereiro de 2007, para entrar em exercício como servidor concursado da Agência Nacional de Telecomunicações (Anatel). Em março de 2009, fui cedido pela primeira vez, ao assumir a coordenação-geral de TV e Plataformas Digitais do Ministério da Cultura. Em maio de 2010, assumi a chefia-de-gabinete da Presidência da Empresa Brasil de Comunicação (EBC).

Ao longo dos últimos dez anos, pude acompanhar a construção das políticas públicas de radiodifusão no país. Mais que isso, principalmente entre 2009 e 2016, ajudei a construir, a implementar e eventualmente a coordenar diversas das políticas públicas e das ações que serão contadas ao longo dos próximos capítulos. Quando considerar necessário, ressaltarei qual era o meu papel nas histórias relatadas, em busca da honestidade na relação com o leitor: relatos e estórias carregam parte da visão de quem os conta, logo deve ser claro qual é o envolvimento de quem escreve com os fatos narrados. Essa minha percepção ajuda, inclusive, a explicar a introdução deste livro e minhas considerações até aqui.

O primeiro e principal objetivo deste livro é analisar as políticas públicas de radiodifusão no governo Dilma. Mais importante que essa afirmação, que já se depreende do próprio título da publicação, é avaliar o porquê deste relato. E, neste ponto, preciso tratar brevemente de outra atividade que desempenho ao longo dos últimos anos.

No início de 2004, recém-formado em Comunicação Social/Jornalismo pela Universidade Federal do Rio de Janeiro (UFRJ), decidi ingressar na pós-graduação. Concluí o Mestrado em Administração Pública e o Doutorado em Administração na Escola Brasileira de Administração Pública e de Empresas da Fundação

Getúlio Vargas (Ebape/FGV). Em 2017, tornei-me pesquisador de Pós-Doutorado na Faculdade de Comunicação da Universidade de Brasília (FAC/UnB). Ainda no início do mestrado, comecei a pesquisar e, na sequência, a publicar artigos e livros sobre políticas públicas para as comunicações.

Aprendi, na trajetória acadêmica, que a geração de conhecimento e a promoção do debate público são duas das principais finalidades da atividade de Pesquisa. Entendo que isso se torna ainda mais necessário em um contexto de democracia tão recente e frágil como o brasileiro. Democracia, afinal, não é o simples ato do voto ou um sistema político, mas pressupõe, também, a defesa de direitos fundamentais, o respeito ao pluralismo e à divergência, dentre tantos outros aspectos. Espero, com este livro, colaborar com a geração de conhecimento e com a promoção do debate público.

Mais que isso, espero contribuir com a preservação da memória do campo em que atuo. A pesquisa ensinou-me, também, que essa é tarefa relegada, no Brasil, a abnegados, como se existissem supostos guardiões obrigatórios de uma história que não seria responsabilidade de toda a sociedade. Discordo dessa visão: cada um de nós, ao viver episódios que considera importantes para a História do país, tem o dever de relatá-los.

Em minhas pesquisas, constatei que, no campo das comunicações, muitas explicações acabaram por se perder com a morte de quem poderia fornecê-las. Assim, parte da história deste campo só pode ser contada por meio de fontes secundárias ou por interpretações dos pesquisadores. É irônico, mas as comunicações falharam ao se comunicar com as gerações futuras. Da minha parte, tenho tentado colaborar com a preservação desta memória em trabalhos já realizados, em outros ainda em curso – e neste livro.

Justamente por conhecer essa minha preocupação, os pesquisadores e amigos Juliano Maurício de Carvalho e Murilo César Ramos sugeriram que eu me dedicasse a esta publicação. A eles agradeço o estímulo inicial e o apoio ao longo da pesquisa.

Por fim, ao estudar políticas públicas, sempre me perguntei por que analisamos teorias e políticas já implementadas sem ouvir quem participou de seu desenvolvimento. É claro que há diversas exceções, pelo menos quando os envolvidos estão vivos e acessíveis a perguntas. Mas, ainda assim, nos temas que já pesquisei, não encontrei muitos relatos estruturados de quem havia formulado e implementado as políticas públicas. Também espero contribuir com este livro, em alguma medida, neste sentido. E espero que ele possa ajudar não só quem estuda e pesquisa, mas também quem vier a formular e a implementar políticas públicas de comunicações. É mais fácil aprender com os acertos e erros do passado, além de ajudar a economizar tempo da administração pública.

Por fim, duas breves considerações. Ao longo deste livro, utilizei como referências apenas dados, estudos e reportagens públicas, todos devidamente citados. Meu papel foi, em grande parte, articular todo esse material e ajudar o leitor a interpretá-lo por meio das explicações. Procurei não adotar um formalismo exagerado, optando pela objetividade. A aridez das questões técnicas das comunicações já é suficiente, não precisando transbordar para a narrativa.

Além disso, uma constatação que, na verdade, poderia abrir este livro, dada a sua importância: as políticas públicas e ações concretizadas, assim como os esforços frustrados, não teriam sido possíveis sem as equipes do Ministério das Comunicações com as quais tive a honra de trabalhar. Encontrei diversos profissionais talentosos e dedicados, servidores concursados ou não, cujos nomes não costumam estar presentes em eventos públicos, apresentações ou falas de seus chefes. Meu reconhecimento pessoal pelo trabalho realizado está expresso neste livro, ao citá-los em geral e, em vários casos, individualmente, nos capítulos pertinentes.

Brasília-DF, 14 de julho de 2017

Octavio Penna Pieranti

Antes do Governo Dilma

Em janeiro de 2003, o país preparava-se para vivenciar importantes mudanças. Depois de oito anos de governo, Fernando Henrique Cardoso e o Partido da Social Democracia Brasileira (PSDB) viram a derrota do candidato que apoiavam e a eleição de Luiz Inácio Lula da Silva como novo Presidente da República. Sua campanha prometera mudanças, afirmando uma maior atuação do Estado em políticas públicas redistributivas, sem romper com o pacto social construído, no país, ao longo das décadas anteriores. O documento "Carta aos Brasileiros" evidenciava seu compromisso de promover avanços sociais, sem desrespeitar investimentos privados e contratos previamente estabelecidos. Seria um governo voltado a todos os segmentos da população. Com esse espírito, Lula completaria dois mandatos, oito anos de governo, encerrando aquele ciclo com resultados importantes em diversas áreas e com altíssimos índices de popularidade, que contribuíram para a eleição de sua sucessora, Dilma Rousseff.

As políticas públicas de radiodifusão formuladas e implementadas no governo de Dilma Rousseff têm raízes anteriores ao seu governo. Para entender de onde e por quê surgem, é preciso resgatar algumas das ações desenvolvidas nos oito anos anteriores. É isso que este capítulo pretende fazer, como introdução, sem se dedicar ao exame aprofundado daquelas medidas.

Desde já, é preciso chamar a atenção do leitor a aspectos estruturantes da radiodifusão no Brasil, que permearão o cenário deste e dos próximos capítulos deste livro. Nunca é demais lembrar que o setor se desenvolveu sob fortes bases privadas, porém contando com recursos públicos direta ou indiretamente, em ações específicas, ao longo do tempo, para sua estruturação. Foi assim, por exemplo, quando o governo federal estatizou o sistema nacional de telecomunicações, a partir do fim da década de 1960, e passou a investir, com recursos próprios, em infraestrutura que permitiria, também, a formação das redes nacionais de televisão. Essas, aliás, só se tornaram efetivamente nacionais, quando prefeituras do interior do país viabilizaram, com recursos próprios ou infraestrutura, a instalação de estações retransmissoras para levar as programações aos habitantes do município. Também foram e são importantes, nos três níveis de governo, os recursos públicos destinados à publicidade institucional que colaboram para a sustentabilidade das emissoras. A importância dessa "parceria público-privada" deveria ser mais estudada no contexto dos pequenos e médios meios de comunicação, já que possivelmente vários deles não disporiam, sozinhos, dos recursos financeiros necessários para a sua sobrevivência.

A expansão da radiodifusão ocorreu, também, em meio a lacunas regulatórias. Em livro anterior (PIERANTI, 2011), procurei demonstrar como o Estado brasileiro foi rotineiramente reativo às transformações tecnológicas e às dinâmicas do mercado. É sintomático que o nome do órgão regulador do setor, até 1962, tenha sido Comissão Técnica *do Rádio*, quando o meio televisão desenvolvia-se, a passos largos, desde 1950. Antes fosse apenas uma questão de nome: os primeiros limites legais à concentração econômica, envolvendo os diferentes meios de comunicação eletrônicos existentes, foram estipulados em 1967, mais de 45 anos depois da chegada do rádio ao país e de 17 da televisão. A omissão do Estado em definir critérios objetivos e transparentes para novas outorgas foi maior: até 1996 as outorgas de todos os serviços de radiodifusão eram gratuitas e fruto da discricionariedade do Poder Executivo, que decidia quando, para quem e se outorgaria. A discricionariedade permaneceria, ainda que em menor nível, como se tratará adiante.

Não se pode dizer que o Estado não tenha tentado mudar o panorama regulatório desde 1962, quando foi publicado o Código Brasileiro de Telecomunicações que, até hoje, rege a área de radiodifusão. Durante o regime militar, várias minutas de anteprojetos de lei foram elaboradas sem consequências práticas (HERZ, 1988). De 1997, ainda no governo de Fernando Henrique Cardoso, em diante, outras tantas foram rascunhadas, várias das quais também sem sucesso. Esse cenário se repetiria ao longo dos governos de Lula e de Dilma Rousseff (POSSEBON, 2015).

Certamente esse cenário não foi positivo para o interesse público – nem para a garantia dos direitos fundamentais relacionados à radiodifusão, nem para conferir segurança jurídica ao desenvolvimento, de forma séria, da radiodifusão, sob a perspectiva empresarial. A partir de 2003, começariam a ser tentadas novas abordagens para as políticas públicas de radiodifusão.

Primeiro Governo Lula

Foram tímidos os primeiros debates sobre políticas públicas de radiodifusão no primeiro governo de Luiz Inácio Lula da Silva. Em 2003, Miro Teixeira, filiado ao Partido Democrático Trabalhista (PDT), tornou-se o primeiro Ministro das Comunicações do governo, sendo substituído, em 2004, por Eunício Oliveira, do Partido do Movimento Democrático Brasileiro (PMDB). O partido continuaria a comandar o ministério, quando, em julho de 2005, Eunício foi substituído por Hélio Costa, que viria a ser um dos mais longevos ocupantes do cargo, no qual permaneceu quase até o fim do segundo governo Lula, em 2010, quando deixou o órgão para concorrer na eleição para o governo de Minas Gerais. Nos últimos meses do ano, José Artur Filardi, até então chefe-de-gabinete de Hélio Costa, assumiu o ministério.

De 2003 a 2006, a grande discussão no setor referia-se à escolha do padrão técnico de TV Digital a ser adotado no Brasil. Três sistemas haviam sido testados nos anos anteriores - o japonês, o europeu e o norte-americano. Em 2003, o governo federal fomentou pesquisas com o objetivo de criar um novo padrão brasileiro de TV Digital, o que foi interrompido com a mudança de ministros na pasta das Comunicações. Ainda assim, parte das pesquisas desenvolvidas naquele momento seria importante no futuro, como se verá nos capítulos posteriores. Retomada a discussão sobre os três modelos estrangeiros, o norte-americano foi descartado. Por fim, a opção feita pelo modelo japonês, com melhorias introduzidas pelas pesquisas brasileiras, viria a resultar no Sistema Brasileiro de TV Digital Terrestre – SBTVD-T, definido pelo decreto nº 5.820, de 29 de junho de 2006, publicado no dia seguinte. Antes dele, o decreto nº 4.901, de 26 de novembro de 2003, publicado no dia seguinte, já instituíra o sistema, ainda sem definição do padrão tecnológico, e algumas características básicas a ele inerentes.

A decisão de 2006 ocorreu, segundo o governo federal, por razões técnicas relacionadas à robustez do padrão japonês. Essa era, também, a posição das entidades representativas das emissoras de TV. De fato, ao longo dos anos seguintes, a robustez desse padrão não viria a ser seriamente questionada. A regulamentação do novo sistema manteve, também, em linhas gerais, o *status quo* existente: as emissoras e retransmissoras de TV poderiam continuar a prestar o serviço, migrando seu sinal para a plataforma digital; cada estação receberia um canal por inteiro (um bloco de frequências de 6MHz), o que significava dizer que os canais seriam indivisíveis e seus segmentos não seriam atribuídos a um maior número de atores, a despeito de isso ser tecnicamente viável, na TV Digital, graças ao recurso da multiprogramação; a interatividade seria possível, mas não obrigatória; alta definição, mobilidade e portabilidade também foram reconhecidas como características do sistema.

O processo decisório gerou críticas da sociedade civil justamente por ter se restringido às questões técnicas do sistema, sem se preocupar em redefinir o modelo de exploração da radiodifusão no país. A previsão de atribuição de pares digitais a todas as estações que já operavam na plataforma analógica foi objeto, inclusive, de Ação Direta de Inconstitucionalidade (ADI) movida pelo Partido Socialismo e Liberdade (PSOL) em 2007. O Supremo Tribunal Federal, no entanto, julgou constitucional o decreto nº 5.820.

Esse documento disciplinava, ainda, ponto que viria a ser importante nos anos seguintes: os canais do Poder Público federal na TV Digital. Em 2006, foram previstos os Canais do Poder Executivo, da Educação, da Cultura e da Cidadania.

Outra iniciativa, daquela mesma época, que geraria frutos foi a entrada do Ministério da Cultura no debate das políticas públicas de comunicação. Comandado por Gilberto Gil, que tinha Juca Ferreira como Secretário-Executivo, inicialmente o ministério começou a apoiar novas formas de distribuição de conteúdo como elemento essencial à divulgação de produtos culturais fomentados pelo órgão e suas entidades vinculadas. O passo seguinte foi tratar essa necessidade de múltiplas formas de distribuição sob o ponto de vista regulatório. A primeira grande discussão, nesse sentido, foi a criação de uma agência reguladora do audiovisual, a Ancinav. No entanto, a matéria foi objeto de críticas diversas tão logo as primeiras notícias a respeito começaram a ser veiculadas e o projeto foi abortado. Destino diferente teria o projeto-de-lei responsável por reestruturar a TV por Assinatura no Brasil: de 2007 a 2011, a Ancine, por meio do seu presidente, Manoel Rangel, e de outros servidores, tais como seu assessor e, depois, superintendente da Agência, Alexander Galvão, participou diretamente do debate que viria a resultar na lei nº 12.485, de 12 de setembro de 2011.

Se a matéria de TV Digital foi decidida em conformidade com o defendido pelo setor de radiodifusão, o mesmo não se pode dizer da classificação indicativa. Essa atividade, prevista no art. 21, XVI, da Constituição Federal e no Estatuto da Criança e do Adolescente (ECA), aprovado pela Lei nº 8.069, de 13 de julho de 1990, estabelecia faixas horárias de referência para a veiculação de programas em função dos conteúdos exibidos. Uma inflexão no tratamento desta questão ocorreu a partir do primeiro governo Lula, quando José Romão assumiu o Departamento de Justiça, Classificação, Títulos e Qualificação (Dejus) do Ministério da Justiça. Foram estabelecidas regras objetivas para o respeito às faixas horárias indicadas, o que incluía a possibilidade de sanções a emissoras que violassem a regulamentação, medida bem recebida por entidades da sociedade civil atuantes nos debates sobre políticas públicas voltadas à infância.

Essa possibilidade de sanção, contudo, era polêmica. À época, eram raros os debates sobre políticas públicas de comunicação, mas o tema chegou a merecer a atenção de programas transmitidos pela TV em rede nacional. Em alguns deles, representantes das emissoras discutiam as novas medidas do ministério com Romão. Uma das críticas recorrentes apontava a classificação indicativa como a volta da censura, banida pela Constituição Federal. Bem distante disso, a ação do ministério não previa o impedimento de veiculação de um programa ou de informações *a priori*, o que caracterizaria a censura, nem impediria a transmissão de conteúdos específicos. Tratava-se, apenas, de ajustar a grade de programação, em horários específicos, preservando-se os direitos de crianças e adolescentes nos termos do ECA.

Prevaleceu a posição do Ministério da Justiça: a classificação indicativa e a possibilidade de sanções continuaram previstas em normas. Em raros momentos da história do país as emissoras comerciais de TV haviam sido tão frontalmente contrariadas em bandeira defendida com tamanho empenho. O tema foi objeto de outra ADI, movida, desta vez, pelo Partido Trabalhista Brasileiro (PTB). A ação começou a ser julgada pelo STF em 2011, mas dois pedidos de vistas levaram o tema à decisão apenas em 2016. Por fim, foi declarada a inconstitucionalidade das sanções aplicadas a emissoras que violassem a classificação indicativa – curiosamente, o julgamento terminou no mesmo dia em que o Senado Federal confirmou o afastamento definitivo de Dilma Rousseff da Presidência da República.

Um rumo para a radiodifusão pública

A partir de 2003, os segmentos da mídia comunitária, universitária e educativa começaram a encontrar, no Ministério da Cultura, um interlocutor preocupado com o tema. As políticas públicas formuladas e implementadas pelo órgão, como os Pontos de Cultura e o Programa de Fomento à Produção e Teledifusão do Documentário Brasileiro – DOCTV, começavam a gerar um volume razoável de conteúdos feitos para televisão, porém com circulação restrita. Mais que interessados em exibi-los gratuitamente, faltavam emissoras dispostas a integrar a cadeia produtiva deste tipo de conteúdo, investindo em sua produção e transmissão.

Do ponto de vista do jornalismo feito pelo governo federal, a Radiobrás parecia incompatível com uma abordagem mais plural. A nova gestão de Eugenio Bucci, da qual participaram José Garcez, Rodrigo Savazoni e tantos outros, tentava transformar o antigo conjunto de emissoras estatais em públicas, mantendo uma autonomia editorial maior em relação ao Estado. Havia um problema: a antiga empresa não fora imaginada desta forma e para esta finalidade. Características básicas do modelo de radiodifusão pública europeu, como, por exemplo, estabilidade dos dirigentes e de fontes múltiplas de financiamento, estavam ausentes da iniciativa brasileira. Essa falta de previsão legal ajuda a explicar a resistência ao projeto, até mesmo dentro do governo, conforme relatos do próprio Bucci (BUCCI, 2008).

Em 2005, sob o patrocínio do Ministério da Cultura, começaram a ser realizadas as etapas preparatórias do I Fórum Nacional de TVs Públicas. Era a primeira vez em que o segmento dos canais de televisão não comerciais, a academia, organizações da sociedade civil e o governo federal discutiam, em conjunto, soluções para o setor.

O início do segundo governo Lula foi marcado, também, pela posse de Franklin Martins como titular da Secretaria de Comunicação Social da Presidência da República (Secom). No primeiro governo, a comunicação institucional da Presidência da República passara por diversas fases, que chegaram a separar, em órgãos distintos, a relação com a imprensa da gestão dos recursos referentes à publicidade institucional. A chegada de Franklin inaugurou a tentativa de integração das diferentes atividades de comunicação institucional do governo. Ele e seu Secretário-Executivo, Ottoni Fernandes Júnior, seriam atores centrais nas políticas públicas de comunicação até 2010.

O I Fórum Nacional de TVs Públicas terminou em maio de 2007, já depois das mudanças na Secom. Ali, no discurso de encerramento do evento, o Presidente da República ressaltou a importância da criação de uma estrutura pública de comunicação, que não se confundia com a comunicação de governo, nem, muito menos, com as práticas tradicionais de mercado. Para ele, caberia a essa nova estrutura mostrar o que não se via nas emissoras comerciais.

Nos meses seguintes, o governo federal estudou os diferentes modelos de radiodifusão pública existentes no mundo e dedicou-se à elaboração do marco que viria a ser a Medida Provisória nº 398, de 10 de outubro de 2007. A nova Empresa Brasil de Comunicação (EBC) seria a responsável pelas emissoras de radiodifusão pública vinculadas ao governo federal, bem como por continuar produzindo e programando os meios de comunicação e conteúdos estatais que seriam mantidos, tais como a NBr e a Voz do Brasil. Para isso, incorporaria a antiga Radiobrás e teria a Associação de Comunicação Educativa Roquette Pinto, uma organização social, como seu braço de apoio, herdando as outorgas de ambas, os funcionários da Radiobrás e o apoio dos empregados da Acerp. Partia-se do que já existia para a construção da nova empresa, que, na prática, integraria tanto o sistema estatal, quanto o público de radiodifusão, ambos previstos na Constituição Federal. A nova empresa seria vinculada à Secom, e não ao Ministério da Cultura ou ao das Comunicações. A medida provisória foi aprovada pelo Congresso Nacional no fim do seu prazo de vigência, tendo sido convertida na lei nº 11.652, de 7 de abril de 2008.

Determinante para a aprovação da medida provisória foi o papel desempenhado por Tereza Cruvinel, convidada para ser a primeira Diretora-Presidente da nova empresa. Aceito o convite, já encontrou a diretoria da nova empresa definida.

O sistema público de radiodifusão, no Brasil, jamais voltaria a ser o mesmo depois da criação da EBC. Há quem diga que a empresa chegou a criá-lo, do que discordo. Ela, na verdade, foi a responsável por reunir as emissoras federais e amalgamar as diferentes entidades que atuavam na comunicação pública, passando a liderar, no futuro, uma nova rede pública. O nível de coesão dos diferentes atores envolvidos no I Fórum Nacional de TVs Públicas não voltaria a ser o mesmo, ainda que uma segunda edição desta instância tenha sido realizada em 2009. Ainda assim, a EBC seria uma referência nas discussões futuras sobre este campo.

A Conferência Nacional de Comunicação

Ao se aproximar do fim do segundo mandato de Lula, o Brasil já havia se acostumado com a dinâmica das conferências nacionais. Alguns setores já organizavam as suas desde antes de 2003, mas vários passaram a discutir os seus problemas, de forma aberta, envolvendo delegados provenientes dos mais diferentes segmentos, a partir do novo governo. O processo incluía debates livres, conferências municipais, que elegiam delegados para a etapa estadual e, nesta, eram eleitos os representantes para a fase nacional.

Também eram reservadas vagas para representantes dos governos nas diferentes esferas, mas em número inferior aos delegados provenientes de fora da administração pública. Esse modelo sofria algumas variações, a depender do setor tratado.

No segundo mandato de Lula, entidades da sociedade civil começaram a demandar do governo federal a convocação da Conferência Nacional de Comunicação. Chegou-se a montar um grupo de acompanhamento, um evento preparatório foi realizado em Brasília e etapas regionais e estadual aconteceram na Bahia, convocadas pelo governo estadual. Em janeiro de 2009, o Presidente da República anunciou a conferência nacional, formalmente convocada, por decreto, em abril. Nesse mês o Ministério das Comunicações anunciou a formação da Comissão Organizadora Nacional, nomeada, após as indicações de órgãos e entidades, por portaria de 25 de maio.

A Comissão Organizadora Nacional foi inicialmente integrada pelos seguintes órgãos e entidades, e respectivos membros titulares: do Poder Público, Casa Civil (André Barbosa); Ministério das Comunicações (Marcelo Bechara); Ministério da Ciência e Tecnologia (Augusto Gadelha); Ministério da Cultura (Octavio Penna Pieranti); Ministério da Educação (José Guilherme Ribeiro); Ministério da Justiça (Romeu Tuma Júnior); Secom (Ottoni Fernandes); Secretaria-Geral (Gerson Almeida); Senado Federal (Flexa Ribeiro e Wellington Salgado); e Câmara dos Deputados (Paulo Bornhausen e Luiza Erundina); da sociedade civil e do empresariado, Associação Brasileira de Canais Comunitários (Edivaldo Farias); Associação Brasileira das Emissoras Públicas, Educativas e Culturais (Paulo Roberto Ribeiro); Associação Brasileira de Emissoras de Rádio e Televisão (Daniel Slavieiro); Associação Brasileira de Radiodifusores (Frederico Nogueira); Associação

Brasileira de Radiodifusão Comunitária (José Luiz Sóter); Associação Brasileira de Provedores de Internet (Eduardo Parajo); Associação Brasileira de Televisão por Assinatura (Alexandre Annenberg); Associação dos Jornais e Revistas do Interior do Brasil (Miguel Ângelo Gobbi); Associação Nacional de Editores de Revistas (Sidnei Basile); Associação Nacional de Jornais (Paulo Tonet); Central Única dos Trabalhadores (Rosane Bertotti); Federação Nacional dos Jornalistas (Celso Schröder); Federação Interestadual dos Trabalhadores em Empresas de Radiodifusão e Televisão (Nascimento Silva); Fórum Nacional pela Democratização da Comunicação (Roseli Goffman); Coletivo Brasil de Comunicação Social (Jonas Valente); e Associação Brasileira de Telecomunicações (Antônio Valente). Ao longo do processo, algumas entidades, como Abepec e Abra, e parte dos órgãos do Poder Público mudaram a sua representação.

A comissão incluía, com igual número de votos, três segmentos: governo, empresários do setor e entidades da sociedade civil. Apesar dessa previsão, quase todas as entidades representativas do empresariado, em julho, decidiram deixar a comissão, à exceção de duas: a Associação Brasileira de Radiodifusores (ABRA), da qual faziam parte emissoras integrantes da Rede Bandeirantes e da Rede TV!, além de outras, e a Associação Brasileira de Telecomunicações (Telebrasil), que reunia as prestadoras de serviços de telecomunicações. O regimento interno da Confecom foi aprovado apenas em setembro e a etapa nacional deveria ocorrer em dezembro – até então, nenhuma etapa com eleição de delegados havia sido realizada.

O desbalanceamento na comissão – que não seria um problema em conferências de outros setores – forçou a adoção de novas medidas inéditas. Os temas considerados sensíveis na comissão poderiam ser decididos apenas com votos de, pelo menos, um representante de cada um dos três segmentos. Etapas municipais não elegeriam delegados. As etapas estaduais deveriam respeitar, em sua eleição de delegados, a proporção de 40% de representantes da sociedade civil; 40% do empresariado; 10% do poder público federal; e 10% de governos estaduais e municipais. Menos de quinze dias depois de concluídas todas as etapas estaduais, a fase nacional teve início em Brasília.

A definição das regras envolveu, nos momentos mais difíceis da comissão organizadora, a mediação dos ministros Hélio Costa, já que o MC era o coordenador formal do processo; Franklin Martins, que já se afirmara como importante interlocutor de empresários e sociedade civil em temas relacionados às comunicações; e Luiz Dulci, da Secretaria-Geral da Presidência da República. Os membros titulares desses órgãos na comissão eram, respectivamente, Marcelo Bechara, Ottoni Fernandes Júnior e Gerson Almeida. Além desses, o Ministério da Cultura, órgão que representei, como membro titular, na comissão, desenvolveu uma estratégia de acompanhamento e articulação permanentes do processo. Inicialmente, realizou uma conferência livre, em Pernambuco, para debater a relação entre comunicação e cultura. De cada etapa estadual da Confecom participou, pelo menos, um representante do ministério. Cada área e entidade vinculada ao órgão indicou um representante para acompanhar todo o processo. Nesse grupo, discutíamos e formulávamos as propostas a serem apresentadas na Confecom pelo Ministério da Cultura. Esses quatro ministérios tiveram o mesmo número de vagas para delegados na etapa nacional.

O dia 14 de dezembro, data de abertura da etapa nacional, repetia situação pouco vista na história do país. Em apenas dois momentos anteriores governo federal, sociedade civil e empresários haviam discutido regularmente questões relacionadas a políticas públicas de comunicação. Isso ocorrera, pela primeira vez, durante a Assembleia Nacional Constituinte, com o objetivo de construir o capítulo sobre a comunicação social no documento final, porém a participação da sociedade era limitada. Sete anos depois, os diferentes setores voltaram a debater o projeto-de-lei que viria a criar o serviço de TV a Cabo, mas os pormenores excessivamente técnicos do debate excluíam parte significativa do público.

O processo de conferência é diferente. Em qualquer estado, em qualquer debate, qualquer cidadão pode se manifestar. Cerca de 1.800 delegados, provenientes dos mais diferentes locais, nem sempre atuantes, em suas carreiras, no campo da comunicação, seriam responsáveis por apreciar mais de 6 mil propostas sistematizadas, previamente, no âmbito da Comissão Organizadora Nacional.

Essa foi, aliás, a principal conquista desse processo. O árido tema das comunicações, tão técnico e tão presente na vida da sociedade, passou a ser discutido em todo o país. Pessoas que possivelmente nunca haviam refletido sobre o papel da regulação, radiodifusão pública, impostos sobre o setor ou tantos outros temas olharam, pela primeira vez, para o setor e formaram sua opinião a respeito dele. E, nesse processo, governo, empresários e sociedade civil, muitas vezes afastados em outros debates, tiveram que dialogar para construir a Confecom.

E ela chegou ao fim, algo do que muitos duvidavam, nos momentos mais difíceis do processo. A etapa nacional foi coberta ao vivo pela NBr e foi objeto de reportagens diversas na TV Brasil e nas outras mídias da EBC, além do noticiário em algumas outras emissoras comerciais e várias comunitárias e educativas. Parte significativa dos delegados, inclusive, provinha da radiodifusão pública, inclusive da EBC.

Também foram grandes as críticas recebidas. Parte da mídia rotulou o processo como uma iniciativa de "censura" aos meios de comunicação, um argumento semelhante ao que servira para minar a discussão sobre a Ancinav. O termo "controle social", tão comum nas discussões sobre políticas públicas de qualquer área, chegou a ser objeto de uma grande polêmica: críticos da Confecom afirmavam que ele seria a prova da tentativa de cerceamento das liberdades de expressão e de imprensa.

Ao todo, foram aprovadas 633 propostas na etapa nacional, das quais 569 em 15 grupos temáticos de trabalho e 64 na plenária final da Confecom. Os temas dessas propostas eram variados, conforme divulgado no caderno final da conferência (MINISTÉRIO DAS COMUNICAÇÕES, 2010). Uma delas, porém, era central e tornou-se a grande bandeira daqueles dias de dezembro – as comunicações precisavam de um novo marco regulatório.

Um novo marco regulatório?

Nos primeiros meses de 2010, ficou claro que a Confecom não tinha acabado. Inicialmente a Secom reuniu as propostas aprovadas e encaminhou-as aos ministérios responsáveis por seu tratamento. Alguns meses depois, outra notícia: o ministro-chefe da Secom, Franklin Martins, coordenaria um grupo de trabalho, no âmbito do Poder Executivo, para elaborar uma proposta de novo marco regulatório, a ser entregue ao futuro governo eleito. Participei deste grupo pela EBC, onde já trabalhava como chefe-de-gabinete. Todos os órgãos que lidavam com o tema das comunicações enviaram representantes para as reuniões periódicas. Vários dos participantes viriam a integrar a futura gestão do Ministério das Comunicações, como será exposto no próximo capítulo. No fim de 2010, a Secom entregaria a proposta ao novo governo, não sem antes ter recebido críticas de parte dos meios de comunicação, que acusaram o órgão de, na verdade, estar preparando um documento que se dedicaria à "censura".

O novo texto nunca veio a público, ainda que algumas das propostas tenham sido explicitadas em entrevistas e manifestações diversas. O próprio Franklin Martins reiterou, por diversas vezes, que a proposta não continha nenhum dispositivo que feria a Constituição Federal, mas previa a regulamentação de todos os princípios que lá estavam. Isso significaria, por exemplo, garantir a liberdade de imprensa, proibir o monopólio nos meios de comunicação e efetivamente instalar e manter funcionando o Conselho de Comunicação Social, assim como impedir televendas e cultos religiosos na programação (LIMA, 2011). Outra proposta que chegou a ser citada publicamente era a criação de duas agências para regular o setor: uma, a Anatel, trataria da infraestrutura e a outra, derivada da Ancine, regularia questões relacionadas ao conteúdo na radiodifusão, nos limites estabelecidos pela Constituição Federal (BRANDT, 2011).

Fato é que a proposta, ainda que analisada, não gerou uma consulta pública, nem, muito menos, o envio de um projeto-de-lei ao Congresso Nacional. O ministério adotaria, ao longo do governo Dilma, a estratégia de tratar os temas possíveis por portarias e decretos e, eventualmente e de forma pontual, por lei. Ainda assim, o envio ao Congresso Nacional do marco regulatório como um projeto-de-lei era a grande expectativa da sociedade civil e mesmo de parte do setor da radiodifusão. O não envio gerou, em muitos, a percepção de que a gestão inaugurada em 2011 ficou aquém do esperado: de fato, um projeto-de-lei consistente e amplo poderia ter ajudado a resolver questões estruturais do setor ou, pelo menos, ter colaborado para promover o debate público sobre o tema. Apesar dessa ausência, o ministério formularia e implementaria políticas públicas e ações importantes no setor de radiodifusão ao longo do governo de Dilma Rousseff.

O novo Ministério das Comunicações

Era grande a expectativa com a nova gestão que assumia o ministério em janeiro de 2011. Lula terminara seu mandato com popularidade alta e a nova Presidenta da República, Dilma Rousseff, a primeira mulher a assumir o cargo, derrotara com diferença considerável de votos os seus concorrentes. No início do mandato, contava com ampla base parlamentar, ao menos em tese, o que possibilitaria ao governo discutir temas polêmicos e aprovar medidas difíceis no Congresso Nacional.

Pela primeira vez, o Ministério das Comunicações seria comandado por um filiado ao principal partido do governo, Paulo Bernardo. Nos anos imediatamente anteriores, ele havia sido Ministro do Planejamento. A partir de 2011, teria a responsabilidade de coordenar os esforços do governo federal nas áreas de telecomunicações, radiodifusão e inclusão digital.

A grande expectativa do setor estava relacionada com uma grande pauta, aparentemente, dos próximos anos – o novo marco regulatório. Essa discussão permeara os últimos anos do governo Lula: estava subjacente no Fórum Nacional de TVs Públicas, emergiu na Conferência Nacional de Comunicação, ganhou força no grupo de trabalho coordenado pelo então ministro Franklin Martins. Qual seria o próximo passo? Quando seria realizada a consulta pública ou o envio do novo projeto de lei ao Congresso Nacional?

Outra expectativa girava em torno do Plano Nacional de Banda Larga. O governo federal reativara a Telebrás e defendia a universalização da banda larga. Como ocorreria a implantação do plano? Haveria recursos suficientes para subsidiar essa infraestrutura em áreas não atendidas pelas prestadoras de serviços de telecomunicações, por não serem consideradas economicamente rentáveis?

Uma terceira expectativa central dizia respeito ao tratamento dos processos de radiodifusão. O setor era marcado pela discricionariedade nas outorgas e pela falta de planejamento visando a sua expansão. O alto número de processos em tramitação no ministério e a demora em sua conclusão eram alvos de críticas. Quais seriam as principais medidas neste campo?

Expectativas grandes também cercavam o início da gestão de Ricardo Berzoini, quatro anos depois, no segundo mandato de Dilma Rousseff. Desta vez, ela fora eleita por diferença pequena de votos, e sua base parlamentar não era tão sólida como a do início do primeiro mandato. O tema da regulação, na campanha, voltara à tona: o governo federal encaminharia um projeto-de-lei para tratar do tema? Como seria a sua elaboração?

Estrutura

Diferentemente de outros ministérios, como, por exemplo, o da Cultura, o Ministério das Comunicações aproveitara pouco os esforços de ampliação da estrutura da administração direta conduzidos durante os dois governos de Lula. Em 2011, continuavam a existir, no órgão, apenas duas secretarias finalísticas – uma de Telecomunicações (STE) e outra, de Serviços de Comunicação Eletrônica (SCE), que tratava de radiodifusão. Logo no início de 2011, o ministério ganharia a Secretaria de Inclusão Digital (SID), já que recebeu a competência de coordenar e articular iniciativas de inclusão digital antes dispersas em diferentes ministérios. Apesar dessa divisão temática, a SCE desempenhava funções de cunho processual na maior parte do tempo. Um exemplo está relacionado à transição da TV Analógica para a Digital: a SCE analisava os procedimentos burocráticos inerentes à migração das outorgas, mas a STE atuara na definição do modelo a ser implantado, na definição da política industrial, na representação do órgão em fóruns externos sobre o tema, dentre outros aspectos. A partir de 2011, essa situação mudaria e a SCE passaria a ser a responsável pela formulação de políticas públicas de radiodifusão, por sua implementação e pela participação em fóruns sobre este setor, além da parte processual.

No fim de 2010, segundo o Ministério do Planejamento, Orçamento e Gestão (MPOG), o Ministério das Comunicações tinha 2348 servidores ativos – um crescimento aparente de 78,8% em relação aos 1.313 de 1997. No entanto, esse número incluía os 1.171 servidores da Anatel, ou seja, trabalhavam, no ministério, efetivamente 1.177. Em suma: a força de trabalho no ministério diminuíra desde 1997 (à época, a Anatel ainda estava se constituindo). Desses, 281 ou 23,9%, descontados os servidores da Anatel, tinham ensino superior completo e atuavam diretamente na formulação de políticas públicas e na análise de processos, ao passo que a maior parte dos demais atuava em funções de apoio. Dois terços dos servidores ativos eram homens, o que refletia um histórico de evolução do setor sob bases militares. Os 2.348 servidores ativos do ministério e da Anatel representavam apenas 7,2% do total de 32.678 vinculados ao órgão, o que equivalia, considerando toda a administração direta, ao menor percentual de ativos em comparação com o total de servidores. Essa situação devia-se principalmente a uma antiga herança: os aposentados do antigo Departamento de

Correios e Telégrafos (DCT), anterior à criação da Empresa de Correios e Telégrafos (ECT), continuavam vinculados ao ministério. Os servidores ativos tinham, em média, 41 anos, situação semelhante à de diversos outros órgãos. Em maio de 2016, o ministério contava com 897 servidores e a Anatel, com 1.517, totalizando 2.414 (MINISTÉRIO DO PLANEJAMENTO, 2011; 2016).

Ou seja: o Ministério das Comunicações dispunha de uma força de trabalho que destoava da tendência de crescimento da administração pública, e que viria a cair ao longo dos anos seguintes. Além disso, pouco mais de um quinto dos servidores tinha formação de nível superior para formular políticas públicas e analisar processos, dentre outras atividades.

Ao longo dos dois governos de Dilma Rousseff, o Ministério das Comunicações teve três titulares: Paulo Bernardo, de janeiro de 2011 ao último dia do primeiro governo, em dezembro de 2014; Ricardo Berzoini, de janeiro a setembro de 2015; e André Figueiredo, de setembro de 2015 a maio de 2016. Os dois primeiros eram filiados ao Partido dos Trabalhadores (PT), sendo essas duas as primeiras gestões do partido no ministério, desde a eleição de Lula. O terceiro era filiado ao PDT.

A primeira gestão do governo Dilma reuniu, no ministério, servidores com três principais origens. Um primeiro grupo trabalhara na gestão de Paulo Bernardo no Ministério do Planejamento e incluía, por exemplo, Genildo Lins (primeiro secretário de Comunicação Eletrônica), Patricia Ávila (diretora e, depois, secretária na mesma unidade) e Ulysses Melo (Subsecretário de Planejamento, Orçamento e Administração).

Outro grupo era formado por servidores atuantes em telecomunicações e radiodifusão na administração pública, sendo a maior parte deles técnicos concursados. Alguns já estavam na equipe de Cezar Alvarez, Secretário-Executivo do órgão e, até 2010, responsável pelo Fórum Brasil Conectado e pela elaboração do Plano Nacional de Banda Larga (PNBL). Entre esses estavam Elisa Leonel (sua assessora e substituta), Artur Coimbra (diretor na STE), Nelson Fujimoto (primeiro secretário da STE) e José Gontijo (coordenador-geral e, depois, diretor da STE). Outros servidores deste grupo vinham de diferentes órgãos da administração pública: Maximiliano Martinhão (secretário da STE ainda a partir do primeiro semestre de 2011) e Miriam Wimmer (diretora da STE) vieram da Anatel; Fábio Koleski (assessor da Secretaria-Executiva), da Secretaria-Geral da Presidência da República, cedido para lá pela Anatel; Kiki Mori (diretora na SID), do Ministério do Planejamento; Pedro Alem (diretor, no início da gestão, da STE); James Görgen, do Ministério da Cultura; Lygia Puppato (secretária da SID); Américo Bernardes (diretor da SID); Rodrigo Zerbone, José Flávio Bianchi, Victor Cravo e Lucas de Carvalho, que viriam a integrar a Consultoria Jurídica, sendo o primeiro, seu primeiro consultor, e o segundo, o consultor até 2014; e eu, da EBC, tendo sido cedido para lá (e, depois, para o ministério) pela Anatel. Este grupo estivera envolvido em diversas discussões, fóruns de debate e políticas públicas de comunicações nos anos anteriores. Vários estiveram, por exemplo, na Confecom e no grupo de trabalho coordenado pela Secom para elaborar a proposta de um novo marco regulatório para o setor das comunicações.

Um terceiro grupo já estava no ministério e manteve-se em cargos de direção, ou foi nomeado para esses cargos ou para funções de assessoria nos meses seguintes. Entre eles estavam Dermeval da Silva Júnior (diretor na SCE), Flavio Lenz, Otávio Caixeta, Janaina

Leonardo, Vanea Rabelo, Eduardo Amorim, Denise Oliveira, Sibela Portella, Samir Maia e Daniella Ferreira.

Tratava-se de equipe extremamente técnica, com anos de experiência no setor, ainda que jovem, e preparada para os desafios de um novo marco regulatório – que ainda estava na agenda do dia -, revisão das regras relativas aos serviços de radiodifusão, reestruturação do ministério, implementação do PNBL, articulação dos programas de inclusão digital, dentre outros.

Parte desta equipe continuaria no ministério até o fim do governo Dilma – a estrutura central da STE, por exemplo, permaneceu a mesma até maio de 2016. Especificamente em relação à radiodifusão, na estrutura de comando da SCE, ocorreram mudanças com mais frequência. Na gestão de Paulo Bernardo, o cargo de secretário foi ocupado por Genildo Lins e, depois que ele assumiu a Secretaria-Executiva, em 2013, por Patrícia Ávila; os titulares dos dois departamentos foram, em diferentes momentos, Dermeval da Silva Júnior, Patrícia Ávila, Denise Oliveira, João Paulo Saraiva e eu. Na gestão de Ricardo Berzoini, cujo Secretário-Executivo era Luiz Azevedo, o secretário foi Emiliano José e os diretores, Adolpho Loyola e Jovino Pereira. Já na gestão de André Figueiredo, que tinha Francisco Ibiapina como Secretário-Executivo, o secretário foi Roberto Pinto Martins e os diretores, Nédio Valduga e Flávia Corrêa.

A SCE, desde antes de 2011, era dividida em dois departamentos: o de Outorgas (DEOC) e o de Acompanhamento e Avaliação (DEAA), responsável pela fiscalização e pela área de estudos do ministério. Havia dois problemas principais nesta divisão. Um, cuja principal repercussão era interna: a divisão do trabalho não era proporcional. De 2011 a 2016, foram citados diferentes números sobre o total de processos de radiodifusão em tramitação no órgão. O número mais confiável, naquele início de gestão, girava em torno de 46 mil processos (MARQUES, 2012). Desses, mais de 70% eram de outorgas e de pós-outorgas (ou seja, todo processo referente à entidade que já dispunha de outorga) de serviços de radiodifusão, o que estava a cargo do DEOC.

O outro problema dizia respeito à própria natureza da secretaria. Essa divisão de competências talvez tenha feito sentido em uma realidade em que se esperava da SCE apenas o tratamento processual. Ela não se sustentava, porém, em um cenário em que a secretaria deveria formular políticas públicas de radiodifusão e implementá-las, como se verá neste livro. As análises processuais fariam parte deste projeto, mas não poderiam se sobrepor ao papel da secretaria no tocante às políticas públicas. Assim, desde 2011, o ministério passou a defender uma mudança regimental, por decreto, que criaria um departamento para tratar do sistema privado de radiodifusão e outro para o departamento dos sistemas público e estatal de radiodifusão. Essa divisão fazia muito mais sentido, já que a realidade dos sistemas era bem diferente, assim como as políticas públicas que a eles deveriam se direcionar. A área de fiscalização ficaria sob a responsabilidade do segundo, já que, não tendo sido possível criar um departamento específico para ela, deveria ser preservada uma distribuição equânime dos processos. Essa estrutura só viria a ser publicada, em 2 de maio de 2016, no Decreto nº 8.730, de 29 de abril. Esse documento foi revogado logo depois, mas a estrutura, em linhas gerais, viria a ser mantida no decreto seguinte, já durante o novo governo. Desde 2012, contudo, a secretaria começou a atuar segundo essa divisão, por meio de portarias de delegação de competências. Primeiro, o serviço de radiodifusão comunitária e, depois, o de educativa e consignações da União, passaram a ser coordenados pelo DEAA.

Completavam a força de trabalho da secretaria as cinco delegacias do ministério já instaladas em São Paulo, Rio de Janeiro, Belo Horizonte, Florianópolis e Cuiabá. As equipes das delegacias já tratavam dos processos de radiodifusão em 2002, quando as unidades foram extintas. Isso levou à transferência dos processos, de forma não planejada, para Brasília, o que colaborou para o acúmulo do trabalho na sede do órgão. Até 2010, os servidores da delegacia, em sua maioria, aposentaram-se, foram cedidos ou passaram a atuar apenas no desempenho de tarefas da área-meio, como, por exemplo, recebimento de demandas de aposentados e pensionistas. Em 2011, as delegacias voltaram a analisar processos de radiodifusão: primeiro, os relativos ao PNO de Radiodifusão Comunitária; depois, os do PNO de Radiodifusão Educativa; e assim sucessivamente, até ao ponto de desempenhar as demais tarefas de praxe da secretaria.

Organização interna

Uma maior celeridade nos processos de radiodifusão era uma demanda consensual do setor em 2011. De fato, diversos processos demoravam anos e, eventualmente, mais de uma década para chegar ao fim. Rapidamente, a busca por celeridade tornou-se um dos objetivos da nova gestão e, mais especificamente, da secretaria. Isso significava atuar internamente na solução de antigos gargalos, levando a uma redefinição dos fluxos internos e dos mecanismos de controle da secretaria. A abordagem gerencial deste problema estava distante das grandes discussões de mérito sobre as políticas públicas, mas afetava diretamente o setor regulado e a possibilidade de expansão da radiodifusão. Se a situação não melhorasse, aumentariam as reclamações e sobraria pouco (ou nenhum) tempo para tratar de políticas públicas.

Diversos elementos contribuíam para a demora nos processos. Alguns eram perceptíveis a qualquer um que os lesse – por exemplo, a entrega parcial de documentação pela entidade, o que gerava um novo ofício de exigências, a depender do objeto do processo, a espera pela resposta, nova análise e, eventualmente, um novo ofício de exigência, reiniciando o ciclo. Para resolver esse tipo de *looping*, algumas medidas deveriam ser implementadas: a análise e a exigência feitas deveriam ser completas, informando ao demandante todos os documentos faltantes, que deveriam ser encaminhados em conjunto; o prazo para a resposta deveria ser acompanhado; e, por fim, em caso de falta de resposta ou de prestação de informações de forma incompleta, o processo poderia ser indeferido, abrindo-se prazo para recursos, nos termos da lei.

Um exemplo dessa revisão de fluxo foi implementado, nos primeiros meses de gestão, nos processos de radiodifusão comunitária. A partir da conclusão da análise e das assinaturas de praxe e, se constatada alguma pendência, o processo deveria ser devolvido ao analista dali a sessenta dias. Esse era prazo suficiente para envio do ofício (até 2014, em meio físico), preparação da resposta (normalmente era concedido um prazo de 30 dias) e envio da documentação de volta pela entidade. Ao fim de 60 dias, existindo a comprovação de que o ofício fora entregue, haveria uma resposta a ser analisada ou o processo seria indeferido por ausência de manifestação.

Também seria importante unificar as áreas de expedição da secretaria, o levantamento de dados e a prestação de informações, o que ocorreu, em etapas, até 2013. A tramitação de um processo, por exemplo, de uma concorrente em um aviso de habilitação para a área errada implicava no reinício da análise da concorrência, o que poderia significar a anulação de diversos atos já produzidos, até que todos os processos de todos os participantes fossem considerados em conjunto. Além disso, a descentralização no levantamento e na prestação de informações permitia que cada área reunisse números de formas distintas, segundo bases e sistemas que nem sempre conversavam entre si, e entendimentos diferentes.

Esse conjunto de tarefas começou a ser desempenhado de forma mais eficiente, quando o ministério começou a migrar para o modelo de processo eletrônico. Até 2013, foram estudadas diferentes plataformas existentes. A escolhida foi o Sistema Eletrônico de Informações – SEI, concebido pelo Tribunal Regional Federal da 4ª Região (TRF4). Ele não fora desenvolvido para radiodifusão e, portanto, não atuava especificamente em questões relacionadas a processos desta área. No entanto, era capaz de conceber a tramitação de qualquer tipo de processo, sendo de fácil compreensão e operação pelo usuário e possível de ser modificado pela área de TI. Por apoio, em grande parte, de Genildo Lins, à época já Secretário-Executivo, o Ministério das Comunicações foi o primeiro órgão da administração pública a adotá-lo, a partir de maio de 2014, e, nos dois anos seguintes, outros 86 órgãos e entidades fariam o mesmo (MINISTÉRIO DA CIÊNCIA, TECNOLOGIA, INOVAÇÕES E COMUNICAÇÕES, 2016a).

No bojo desse processo, decidiu-se, também, digitalizar todos os processos em curso no ministério, eliminando-se a sua tramitação em meio físico. Além de conferir agilidade, essa medida passou a permitir a geração de informações mais precisas sobre o total de processos em curso por tipo e serviço, dentre outras características, além da possibilidade de concluir formalmente processos que, na prática, já tinham perdido o objeto.

Essa reestruturação voltada à busca de celeridade encontraria alguns obstáculos. Um deles era interno: nos vários regulamentos de serviços de radiodifusão publicados pelo ministério nos primeiros anos da nova gestão, analisados ao longo do livro, constava a previsão de entrega de um maior número de documentos pelas entidades. Essa prática contrariava um esforço de desburocratização, em curso na administração pública, porém conferia uma maior segurança jurídica aos processos tratados no ministério. Com o tempo, essa estratégia foi revista, culminando, em 2015, na criação do Grupo de Trabalho de Desburocratização e Simplificação dos Processos de Outorga e Pós-Outorga de Serviços de Radiodifusão (GTDS), graças ao grande apoio do secretário-executivo do ministério, Luiz Azevedo. As atividades do grupo serão apresentadas nos próximos capítulos deste livro.

Nos primeiros anos do novo governo, mesmo considerando uma cobrança maior de documentos, outras medidas poderiam ser criadas para conferir celeridade. Um conjunto delas dependia apenas do próprio ministério, podendo ser efetivada por meio de portarias de delegação de competências. Foram mapeados diversos atos que não precisariam ser assinados pelos principais dirigentes do órgão, já que eram apenas medidas formais, sem qualquer análise de mérito, mantidas apenas porque previstas em leis ou decretos. Um exemplo claro era o das licenças de operação, papéis com características básicas da estação, também inseridas no sistema eletrônico pertinente, que cada emissora deveria manter afixada ao seu transmissor. Até 2010, essas licenças – que, frise-se, não eram a outorga em si - eram assinadas pelo Ministro de Estado, o que deixou de ocorrer logo no início da nova gestão.

Em outros casos, foi verificado que a alteração de competências teria impacto não apenas em um processo, mas em um conjunto deles. Um exemplo era o indeferimento nos processos de outorga e pós-outorga de radiodifusão comunitária. Como o indeferimento era competência do secretário, o recurso era sempre dirigido ao Ministro de Estado, conforme o princípio do duplo grau de jurisdição. Assim, se fosse recebido um recurso a um indeferimento, a área técnica da coordenação-geral analisava o teor do documento, remetia-o ao diretor do departamento, que o encaminhava ao secretário, que o enviava para posicionamento da Consultoria Jurídica, que realizava a análise dos autos antes da manifestação do Ministro. Enquanto isso, este processo e os processos dos seus concorrentes permaneciam inconclusos até a publicação da decisão do Ministro no Diário Oficial da União. A partir do segundo semestre de 2011, a competência do indeferimento passou a ser do diretor do departamento e, havendo recurso, caberia a manifestação final do secretário, preservando-se o duplo grau de jurisdição e sendo desnecessário o posicionamento da Consultoria Jurídica e do Ministro. A seguir, esse modelo de alteração de competências foi exportado para outros serviços de radiodifusão.

Outras alterações visando à celeridade processual foram feitas por decreto ou lei, com o apoio do ministério. Um bom exemplo envolvia o nome fantasia das emissoras. Até 2013, as emissoras precisavam obter do Ministério das Comunicações autorização para o seu nome fantasia. Esse era um processo sem qualquer tipo de análise de mérito por parte do ministério. Se, por acaso, a entidade viesse a utilizar um nome sobre o qual incidissem restrições referentes à propriedade intelectual, poderia sofrer sanções, mas o ministério não tinha competência para aplicá-las. Mesmo assim, a entidade deveria aguardar a anuência do ministério para começar a usar o novo nome. O decreto nº 8.061, de 29 de julho de 2013, publicado no dia 30, alterou o decreto nº 52.795, de 31 de outubro de 1963, e atribuiu ao regulamento a definição do rito de comunicação ao ministério dessa alteração, que passou a ser feita posteriormente ao início do uso do novo nome fantasia.

Transparência

No início do primeiro governo Lula, o Ministério das Comunicações divulgou algumas informações públicas, mas que, à época, geraram polêmica. Tratava-se da lista de sócios e diretores de emissoras de radiodifusão. Essa relação era um importante avanço em matéria de disponibilização de informações públicas pelo ministério, ainda que sujeita a críticas por incluir, por exemplo, nomes de dirigentes já falecidos – o que evidenciava a desatualização dos dados oficiais seja por não prestação das informações pelas entidades, seja porque os processos ainda estavam em análise. Passados alguns meses, a lista deixou de ser atualizada e, por fim, foi removida da página do ministério na Internet.

Quem acompanhou o episódio lembra de como ele havia sinalizado uma mudança no relacionamento do ministério com a sociedade, mas não haveria, naquele momento, outros desdobramentos nesse sentido. Historicamente o ministério poderia ser definido como hermético: a aridez técnica dos temas tratados ajudava a afastar os mais leigos; o passado de forte ascendência militar sobre o setor não contribuíra para o avanço do diálogo; a discricionariedade dos processos de outorga gerava dúvidas; e era incomum a participação de representantes do ministério em debates promovidos por organizações da sociedade civil ou cuja marca central fosse a discussão aberta e pública com essas entidades. Esse quadro mudou um pouco no processo de realização da Conferência Nacional de Comunicação, quando o ministério, muitas vezes representado por seu consultor-jurídico, Marcelo Bechara, participou de diversos debates.

Em 2011, por acompanhar o setor, a nova equipe sabia que o diálogo permanente com os mais diferentes atores era uma demanda justa a ser atendida. Salvo por problemas de agenda, passamos a receber, na secretaria, quem demandava reuniões, bem como a participar de eventos promovidos por diferentes atores. O ministério, quando convidado, enviou representante, por exemplo, aos eventos estaduais e nacionais promovidos pelas entidades representativas da radiodifusão comunitária. Também participou de debates promovidos pelas demais entidades representativas do setor da radiodifusão.

Além de dialogar de forma permanente, outro elemento importante para a construção de uma relação de transparência seria a divulgação de informações que já deveriam ser públicas. Ainda no primeiro semestre de 2011, o ministério voltou a publicar a lista de sócios e dirigentes de emissoras de radiodifusão, tal como ocorrera no governo Lula. Até 2016, ela não havia sido retirada da página do órgão na Internet. Mais que isso, começou a divulgar resultados consolidados de números de emissoras por serviço e por estado; avisos de habilitação; listas de concorrentes nos avisos de habilitação dos diferentes serviços; e planilhas consolidadas com as sanções aplicadas, dentre outras informações. Várias dessas informações começaram a ser disponibilizadas ainda antes da publicação da Lei de Acesso à Informação. Como consequência dessa lei, o ministério rapidamente implementaria comitês para a organização das informações, ações de difusão interna dos novos dispositivos legais e um novo site, dentre outras medidas.

As informações sobre sanções eram especialmente importantes. Cada segmento considerava-se o mais fiscalizado. Essas dúvidas aumentaram no início de 2011, quando a mídia noticiou a iminente prescrição de mais de 8 mil processos de fiscalização contra mais de 3 mil emissoras (MATAIS, 2011). Esses eram processos referentes a possíveis infrações de natureza técnica ocorridas entre 1995 e 2007. À época, o Ministério das Comunicações consolidara o entendimento de que a sanção por descumprimento de obrigações dessa natureza também seria sua competência, o que levou a Anatel a encaminhar todos os processos em curso ao órgão. No início de 2011, ministério e Anatel consolidaram o entendimento de que caberia à agência apurar e sancionar o descumprimento de obrigações de ordem técnica (de engenharia) e o mesmo caberia ao Ministério no caso de infrações de ordem jurídica ou de conteúdo. Por meio de um convênio celebrado entre Ministério e Anatel, esta também poderia instruir processos de apuração de infração referentes a obrigações de conteúdo, mas as sanções caberiam ao ministério. A pacificação desse entendimento permaneceu até o fim do governo.

O Plano Plurianual 2012-2015 do governo federal estabeleceu, como uma de suas metas, a fiscalização de todas as emissoras de radiodifusão do país. À época, isso significava fiscalizar, por rotina, denúncia ou demanda judicial, cerca de 10 mil estações. Para tentar atingir esse objetivo, foi necessário rever a interação entre o ministério e a agência no tocante ao planejamento das fiscalizações. Além disso, a Portaria nº 1.613, de 9 de agosto de 2012, criou os Sorteios para o Acompanhamento da Radiodifusão (SAR). Periodicamente eram sorteados municípios das diferentes regiões, nos quais eram fiscalizadas todas as emissoras quanto aos aspectos jurídicos e à programação transmitida. A lista dos municípios e das emissoras fiscalizadas por meio do SAR eram disponibilizadas na Internet, depois da confirmação de que os ofícios sobre a fiscalização já tinham sido recebidos pelas entidades. Além disso, em paralelo, essa mesma fiscalização remota foi realizada nas estações em operação nas capitais. Em 2012, o ministério publicou 753 sanções e, no ano seguinte, 1280 em relação aos mais diferentes serviços de radiodifusão (MINISTÉRIO DAS COMUNICAÇÕES, 2014a).

Contribuiu, ainda, para a transparência das ações de fiscalização do ministério a publicação do Regulamento de Sanções Administrativas, aprovado pela Portaria nº 112, de 22 de abril de 2013. Ele estabelecia critérios objetivos para a aplicação de sanções e hipóteses para sua conversão em outras, bem como uma metodologia de cálculo para verificação dos valores de multas, que variavam em função das infrações cometidas anteriormente pelas entidades, o serviço que executavam e a localidade onde operavam. Também foram reajustados, a cada três anos, os valores máximos das multas aplicáveis, tal como definido no Código Brasileiro de Telecomunicações. Terminado o governo de Dilma Rousseff, o regulamento foi alterado, ampliando, por exemplo, a pontuação necessária para aplicação das sanções mais severas às emissoras de radiodifusão, o que, em outras palavras, torna mais difícil sua aplicação.

A ampliação das ações de fiscalização gerou uma situação imprevista: o flagrante de retransmissoras de TV, no interior de Minas Gerais, operando sem autorização era apenas um pequeno exemplo do quadro geral do país. O MCTIC, já no novo governo, estimava, em seu site, entre 6 e 10 mil retransmissoras em operação clandestina nos anos anteriores (MINISTÉRIO DAS COMUNICAÇÕES, 2014b). O desligamento e o lacre dessas estações representariam a derrubada do sinal de várias emissoras para todos os telespectadores de diversos municípios do interior do país. Em 2013, o ministério optou por estabelecer regras específicas para a regularização da situação, ao criar as forças-tarefa por meio da Portaria nº 282, de 25 de setembro de 2013. Essa ação ocorreu em Minas Gerais, Paraná, Bahia e em outros estados do Nordeste.

A busca pela transparência passava necessariamente por aprimorar os critérios ou, quando eles não existiam, definir regras objetivas e formais para a seleção de novas emissoras e retransmissoras de TV. Até 2011, a regulamentação previa regras apenas para licitações de emissoras comerciais, desde 1996, e de radiodifusão comunitária, desde 1999. As primeiras foram revistas pelo decreto nº 7.670, de 16 de janeiro de 2012, e as segundas, por sucessivas portarias abordadas no capítulo que tratará deste serviço. Já os processos seletivos para novas outorgas de radiodifusão educativa e de retransmissoras de TV foram regulamentados, pela primeira vez, a partir de 2011, tal como será exposto nos próximos capítulos.

A definição de processos seletivos objetivos, com regras claras, demandava uma nova sistemática de publicação de editais, com o objetivo de garantir a universalização – ou a massificação, em alguns casos - dos serviços de radiodifusão. Esse espaço seria preenchido, até o fim do governo, pelos Planos Nacionais de Outorgas.

Universalização da radiodifusão

Popularmente, dizia-se que a radiodifusão era um serviço universal. Trata-se de meia verdade. Por um lado, sinais de emissoras de televisão e/ou de rádio chegam a todos os municípios brasileiros, ainda que, por vezes, não estejam disponíveis nas áreas mais remotas dessas localidades. Por outro, o setor de radiodifusão não deve ser visto como um único serviço, mas, sim, como um conjunto deles. O Código Brasileiro de Telecomunicações, em seu art. 6º, alínea "d", começou a prever a complexidade, ao falar em "serviço", no singular, mas simultaneamente prevendo que ele compreendia radiodifusão sonora e televisão. Depois dele, nasceram os serviços de radiodifusão educativa (também rádio e televisão), retransmissão de TV, radiodifusão comunitária (rádio), consignações da União, dentre outros. A expansão desses serviços ocorreu de forma distinta, sendo alguns mais difundidos que outros. Assim, é difícil dizer que algum deles, isoladamente, já tenha se tornado universal, a menos que se leve em conta outras formas de transmissão dos conteúdos por eles veiculados, como, por exemplo, a distribuição por satélite.

A universalização de qualquer serviço público demanda planejamento e investimentos do Estado. Planejamento para dar oportunidade à sua prestação por diferentes agentes públicos ou privados; investimento, para executar o serviço diretamente ou subsidiar sua execução por terceiros onde não haveria interesse econômico em sua prestação pela iniciativa privada.

Como se pretende demonstrar ao longo deste capítulo, bem como apontei em trabalhos anteriores (PIERANTI, 2011), "planejamento" é um termo, ao menos na perspectiva do Estado, pouco ligado à expansão da radiodifusão no país. O planejamento com o qual o setor se acostumou é o de natureza técnica, no que tange à atribuição de frequências e à gestão do Plano Básico de Radiodifusão (dividido por serviços) para possibilitar a operação simultânea de emissoras e evitar a interferência entre elas. Como o espectro é bem limitado e escasso, a competência para sua gestão, nos limites de um país, é competência do Estado, seguindo as diretrizes internacionais acordadas.

Durante o regime militar, pode-se falar, ainda, em um planejamento da infraestrutura nacional de telecomunicações que contemplava, também, a radiodifusão. A estatização das redes de telecomunicações, a montagem da infraestrutura para transmissão via satélite, a construção de sistemas de microondas, dentre outros, contribuíram para a afirmação das redes nacionais de televisão, em grande parte, privadas.

Raros foram os momentos, no entanto, de planejamento das futuras outorgas. Quais serviços deveriam ser expandidos, em que direção e por quê? Essas perguntas não foram respondidas, formalmente, pelo Estado brasileiro. Para isso contribuiu a natureza totalmente discricionária das outorgas até 1996, quando novas operações de radiodifusão comercial começaram a seguir padrões mais rigorosos de licitação. Para outros serviços, no entanto, como se procurará descrever, regras objetivas só passaram a existir mais de uma década depois. Ainda assim, se considerarmos o marco de 1996, durante mais de 70 anos, coube ao governo decidir diretamente quais emissoras poderiam ou não ser instaladas, por razões que não precisavam ser sequer enunciadas. Os malefícios dessa discricionariedade, por tanto tempo, estão na gênese dos principais problemas do setor de radiodifusão, como, por exemplo, a contenção de avanços na esfera do pluralismo nas grandes cidades, já que a entrada de novos atores é impossível, simplesmente, porque não há mais frequências disponíveis em algumas regiões. É certo que essa situação pode ser mudada, em alguma medida, com as novas plataformas e tecnologias e a liberação dos antigos canais usados por emissoras de TV analógica, mas o uso desse novo dividendo dependerá de políticas públicas consistentes.

Planos Nacionais de Outorgas

No início de 2011, não havia uma rotina pré-estabelecida de publicação de editais para seleção de entidades interessadas em executar qualquer serviço de radiodifusão. Licitações de novas geradoras de radiodifusão comercial eram publicadas por lotes, mas estavam suspensas desde o ano anterior, quando o Tribunal de Contas da União questionara a metodologia para definir o preço das novas outorgas. Editais de radiodifusão comunitária, conhecidos como avisos de habilitação, não tinham periodicidade definida e, normalmente, contemplavam centenas de municípios ao mesmo tempo. Outorgas de radiodifusão educativa e retransmissoras de TV eram discricionárias, ainda que, por vezes, tenham sido iniciadas por chamamentos públicos. Ainda assim, não havia critérios definidos em normas para a seleção dos vencedores.

Em fevereiro de 2011, o Ministério das Comunicações recebeu comunicado de decisão judicial que determinava a inclusão do município de Bossoroca, no Rio Grande do Sul, em aviso de habilitação de radiodifusão comunitária. Decisões similares eram tomadas com alguma frequência: como o ministério não divulgava sua previsão de editais, nem tampouco as regras que balizavam a inclusão de municípios, o Poder Judiciário determinava a inclusão de localidades, quando entendia haver poucas oportunidades para os candidatos. Naquela oportunidade, porém, a decisão motivaria a implantação de uma política pública estruturante para o setor.

A nova gestão havia recém-assumido o ministério. Na Coordenação-geral de Radiodifusão Comunitária, avaliei que perderíamos uma boa oportunidade de começar a atender a demanda reprimida por novas emissoras, ampla em todo o país, se contemplássemos apenas o município de Bossoroca no futuro edital. O ministério precisava de uma rotina, de um instrumento que servisse para o planejamento interno da equipe e, mais importante, que desse previsibilidade sobre os rumos deste segmento para a sociedade.

Essa nova forma de trabalho conferiria transparência às ações do ministério. Já que a norma não definia critérios para a inclusão de municípios em um aviso de habilitação, a população não sabia por que ele estava contemplado. Além disso, permitiria que os candidatos se organizassem com antecedência. Como era comum o indeferimento de processos por falta de documentos, acreditava-se que, com mais tempo, as entidades poderiam se cercar de mais cuidados. O plano possibilitaria, ainda, centrar esforços para resolver problemas específicos, como comunidades não atendidas pelo serviço ou com demanda reprimida. Romperia, também, com as prorrogações de prazo, tradição em avisos de habilitação anteriores que contribuía para fragilizar qualquer planejamento. Internamente, possibilitaria uma melhor organização da equipe do ministério, já que ela saberia, de antemão, quando chegaria um novo lote de processos a serem analisados. Por fim, minimizaria injunções políticas na definição dos municípios que constariam de um aviso de habilitação, ainda que o plano viesse a ser um documento orientador, mantendo-se, por norma, a possibilidade de inclusão e exclusão de localidades no momento da publicação dos avisos, a critério do Ministro de Estado.

O nome e a estratégia adotados tinham alguma inspiração em documentos anteriores do setor das comunicações, como os planejamentos desenhados para a expansão da TV a Cabo e do MMDS e o Plano Geral de Outorgas do Serviço de Telefonia Fixa Comutada (STFC). Assim nasceu o Plano Nacional de Outorgas (PNO) de Radiodifusão Comunitária. Expandido para outros serviços, viria a se constituir na principal iniciativa de universalização dos serviços de radiodifusão até maio de 2016, quando se encerraria o governo.

Tabela 1: PNO de Radiodifusão Comunitária (2011)

Mês de divulgação	Março/2011
Nº de editais	11
Nº de municípios	431
Início	Abril/2011
Fim	Novembro/2011

Fonte: Ministério das Comunicações (2011a)

O primeiro PNO do ministério foi elaborado pela equipe da coordenação-geral. Durante algumas semanas, foram verificados todos os municípios nos quais não havia rádio comunitária, nem processo de nova outorga em andamento. Uma diferença em relação à prática anterior era o atendimento de menos municípios por aviso de habilitação, que, por outro lado, passariam a ser mais frequentes e eventualmente focados em alguns estados. Assim, seria possível divulgar, de forma mais precisa, as novas oportunidades, bem como seria mais fácil para a sociedade acompanhar os processos em curso.

O objetivo do primeiro plano seria avançar na universalização do serviço concomitantemente em todas as macrorregiões geográficas.

Tabela 2: Possível cobertura da radiodifusão comunitária antes do PNO 2011

Região	Total Mun.	Mun. Cobertos	Mun. Descobertos	% Universalização
N	449	355	94	79,06%
NE	1794	1368	426	76,25%
CO	466	381	85	81,75%
SE	1668	1308	360	78,42%
S	1188	871	317	73,32%
Total	**5565**	**4283**	**1282**	**76,90%**

Fonte: Ministério das Comunicações (2011a)

A tabela anterior, divulgada juntamente com o PNO, apresenta o total de municípios com, pelo menos, uma rádio comunitária, assim como aqueles para os quais existia processo de outorga em andamento no ministério. Havia uma discrepância considerável nos percentuais de municípios cobertos em cada região. A média nacional era de 76,90%, mas, no Sul, 73,32% dos municípios já tinham sido atendidos, ao passo que, no Centro-Oeste, o percentual totalizava 81,75%. Seriam buscados percentuais semelhantes ao fim do PNO, o que levaria a contemplar um número maior de municípios do Nordeste, Sudeste e Sul ao longo dos próximos meses.

Tabela 3: Possível cobertura da radiodifusão comunitária depois do PNO 2011

Região	Total Mun.	Mun. Cobertos	Mun. Descobertos	% Universalização
N	449	380	69	84,63%
NE	1794	1517	277	84,56%
CO	466	396	70	84,98%
SE	1668	1417	246	84,95%
S	1188	1003	185	84,48%
Total	5565	4713	852	84,69%

Fonte: Ministério das Comunicações (2011a)

No fim do PNO, potencialmente em 84,69% de todos os municípios brasileiros, haveria uma rádio comunitária. Como se verá adiante, a oferta de oportunidades, em novos avisos de habilitação, porém, nem sempre resultou em novas outorgas. De qualquer forma, o plano inovou a forma do ministério de lidar com a expansão da radiodifusão. Poucos meses depois, foi divulgado o primeiro PNO de Radiodifusão Educativa, depois de aprovada portaria para disciplinar novos processos de outorga deste serviço, como se verá adiante.

Tabela 4: PNO de Radiodifusão Educativa (2011)

Mês de divulgação	Julho/2011
Nº de editais	14
Nº de municípios	475
Início	Agosto/2011
Fim	Novembro/2012 (previsão)

Fonte: Ministério das Comunicações (2011b)

O PNO de Radiodifusão Educativa foi separado em dois – TV e FM. A tabela anterior já consolida os números referentes a ambos.

Tabela 5: Possível cobertura de TVE depois do PNO 2011

Região	Total de Municípios	Mun. com TVE (pré-PNO)	Em %	Mun. no PNO	Mun. no PNO com TVE	Mun. no PNO sem TVE	Mun.s com TVE após o PNO	Em %
Centro-Oeste	464	7	1,5	4	0	4	11	2,3
Sudeste	1.668	100	6,0	36	5	31	131	7,9
Nordeste	1.794	24	1,3	14	4	10	34	1,9
Norte	451	6	1,3	6	2	4	10	2,2
Sul	1.188	31	2,6	15	0	15	46	3,9
Total Geral	5.565	168	3,0	75	11	64	232	4,1

Fonte: Ministério das Comunicações (2011b)

Ao contemplar 75 municípios com a possibilidade de novas emissoras de TV educativas, dos quais 64 não contavam, ainda, com o serviço, o plano pretendia avançar em 1,1% na meta da universalização. Para emissoras de rádio, o percentual era mais elevado, conforme tabela a seguir: 6,7%, ao atender a 400 municípios, dos quais 374 sem emissoras deste serviço. Diferentemente do serviço de radiodifusão comunitária, em que a Anatel já atribuiu um canal para execução do serviço em cada município, o primeiro PNO de Radiodifusão Educativa contava com canais que estivessem vagos, sem a necessidade de esforços adicionais da Agência.

Tabela 6: Possível cobertura de FME depois do PNO 2011

Região	Total de Municípios	Mun. com FME (pré-PNO)	Em %	Mun. no PNO	Mun. no PNO com serviço de FME	Mun. contemplados no PNO sem serviço de FME	Mun. com serviço de FME após o PNO	Em %
Centro-Oeste	464	26	5,6	26	2	24	50	10,7
Sudeste	1.668	254	9,2	155	9	146	400	23,9
Nordeste	1.794	111	6,2	139	10	129	240	13,3
Norte	451	44	9,8	28	1	27	71	15,7
Sul	1.188	49	4,1	52	4	48	97	8,1
Total Geral	5.565	384	6,9	400	26	374	758	13,6

Fonte: Ministério das Comunicações (2011b)

Este PNO não chegou ao fim. Dentre os principais problemas, pode-se destacar a falta de pessoal no ministério para analisar os processos dele decorrentes e problemas na gestão dos canais inicialmente planejados em sua utilização. Alguns dos canais estavam comprometidos no processo de digitalização da TV e outros eram usados em processos de outros serviços ou emissoras, como, por exemplo, processos seletivos para licitações de emissoras comerciais. Também não chegou ao fim, por problemas semelhantes, o PNO de Retransmissoras Primárias de TV, lançado em 2012, cuja previsão era o atendimento de 91 municípios. O rito dessas outorgas havia sido definido inicialmente pela Portarias nº 498, de 5 de dezembro de 2011, publicada no dia seguinte, e nº 561, de 22 de dezembro do mesmo ano, publicada no dia 26, revogadas e substituídas pela Portaria nº 366, de 14 de agosto de 2012. Objetivava-se, ainda, o lançamento de um PNO para geradoras comerciais, o que dependeria da aprovação, pelo Tribunal de Contas da União, da metodologia de valoração das novas outorgas e a consequente retomada das licitações.

Em novembro de 2011 o ministério divulgou o novo PNO de Radiodifusão Comunitária para o biênio 2012-2013. Tratava-se da maior iniciativa de universalização do serviço já promovida até então.

Tabela 7: PNO de Radiodifusão Comunitária (2012-13)

Mês de divulgação	Novembro/2011
Nº de editais	26
Nº de municípios	1425
Início	Janeiro/2012
Fim	Novembro/2013

Fonte: Ministério das Comunicações (2011c)

Somando-se os 1.425 municípios previstos no novo PNO com os 431 do plano anterior, o ministério, em três anos, abria a possibilidade de novas outorgas em cerca de um terço de todos os municípios do país. Os municípios do novo PNO dividiam-se em 822 sem emissoras e outros 603 com demanda reprimida de 1999 a 2010, caracterizada como a manifestação formal, junto ao ministério, de entidade interessada em executar o serviço e realizada depois da publicação do último edital para aquele município. Previamente, no início do segundo semestre de 2011, o ministério divulgou a listagem de todos os municípios com demanda reprimida para que as entidades interessadas pudessem comunicar eventual erro de sistematização. Havia, por exemplo, 69 municípios com demanda reprimida no período de 1999 a 2002, ou seja, há cerca de dez anos uma entidade esperava, nesses municípios, a oportunidade para se candidatar à execução do serviço de radiodifusão comunitária.

Em 2015 começou o que pode ser chamada de "segundo momento" dos PNOs para os serviços de radiodifusão educativa e comunitária.

Tabela 8: PNO de Radiodifusão Educativa (2015-16)

Mês de divulgação	Setembro/2015
Nº de editais	5
Nº de municípios	375
Início	Outubro/2015
Fim	Junho/2016 (Previsão)

Fonte: Ministério das Comunicações (2015a)

No momento de publicação do novo PNO de radiodifusão educativa, existiam 508 emissoras FME e 208 de TV executando este serviço. Os 375 municípios do novo plano foram incluídos considerando os que não foram contemplados com editais anteriores, apesar de previstos no PNO; canais disponíveis e vagos; demanda reprimida; a população da UF, comparada com o percentual de outorgas da UF em relação ao país; e as localidades que sediavam instituições de ensino superior públicas. Foram publicados quatro editais, mas o último deles não foi publicado, pelo menos até o fim de 2016, depois de ocorrida a troca de governo.

Tabela 9: PNO de Radiodifusão Comunitária (2015-17)

Mês de divulgação	Setembro/2015
Nº de editais	9
Nº de municípios	766
Início	Outubro/2015
Fim	Fevereiro/2017 (Previsão)

Fonte: Ministério das Comunicações (2015b)

Já o terceiro PNO de Radiodifusão Comunitária atendia a demanda reprimida registrada no ministério desde o plano anterior. Seriam contemplados 766 municípios, dos quais 355 ainda não contavam com nenhuma emissora autorizada. Também neste caso, a publicação de novos editais foi interrompida com a mudança de governo.

Tabela 10: Cobertura da radiodifusão comunitária antes do PNO 2015-17

Região	Número total de municípios	Municípios com pelo menos uma emissora	Em %, em relação ao Total de Municípios da Região	Em %, em relação ao Total de Municípios do País
Centro-Oeste	467	349	74,73%	6,26%
Sudeste	1.668	1.253	75,12%	22,50%
Nordeste	1.794	1.226	68,34%	22,01%
Norte	450	293	65,11%	5,26%
Sul	1.191	846	71,03%	15,18%
Total Geral	5.570	3.967	-	71,21%

Fonte: Ministério das Comunicações (2015b)

A tabela anterior expõe que 3.967 municípios, ou 71,21%, contavam com pelo menos uma rádio comunitária em atividade. O número é inferior ao que subsidiou a construção do primeiro plano, apresentado anteriormente, segundo o qual 4.283 municípios eram vistos como atendidos ou em vias de atendimento. Vale lembrar que esse segundo número incluía o total de processos de outorga em andamento naquela oportunidade, sendo que vários deles foram indeferidos.

Tabela 11: Possível cobertura da radiodifusão comunitária depois do PNO 2015-17

Região	Mun. no PNO	Mun. no PNO sem emissora	Mun. no PNO com pelo menos uma emissora	Expectativa de mun. com pelo menos uma emissora após o PNO	Em %, em relação ao total de mun. da região	Em %, em relação ao total de mun. do país	Aumento esperado de mun.
Centro-Oeste	54	34	20	383	82,01%	6,87%	0,61%
Sudeste	205	76	129	1.329	79,67%	23,85%	1,36%
Nordeste	316	139	177	1.365	76,08%	24,50%	2,49%
Norte	68	43	25	336	74,66%	6,03%	0,77%
Sul	123	63	60	909	76,32%	16,32%	1,11%
Total Geral	766	355	411	4.322	-	77,57%	6,34%

Fonte: Ministério das Comunicações (2015b), com adaptações do autor

Planejava-se, assim, chegar a 77,57% dos municípios do país onde este serviço fosse executado. Esse percentual é inferior à meta de 2011 e, ainda neste capítulo, será apresentada uma razão para isso. Em maio de 2016, às vésperas da mudança de governo, o ministério lançou mais um grupo de PNOs. Nenhum edital foi publicado pela nova gestão até, pelo menos, maio de 2017.

Tabela 12: PNO de Radiodifusão Comunitária (2017-19)

Mês de divulgação	Maio/2016
Nº de editais	14
Nº de municípios	1414
Início	Maio/2017 (Previsão)
Fim	Julho/2019 (Previsão)

Fonte: Ministério das Comunicações (2016a)

O novo plano de Radiodifusão Comunitária tinha, por objetivo, atender todos os municípios sem outorga, bem como a demanda reprimida registrada no ministério até aquele momento. Seria contemplado um grupo de 1414 localidades, ao longo de cerca de dois anos – tamanho e prazo semelhante aos atendidos no PNO 2012-13.

Tabela 13: PNO de Radiodifusão Comunitária – Comunidades Tradicionais

Mês de divulgação	Maio/2016
Nº de editais	2
Nº de municípios	126
Início	Junho/2016 (Previsão)
Fim	Setembro/2016 (Previsão)

Fonte: Ministério das Comunicações (2016b)

Foram separadas, do grupo principal, as demandas por novas rádios comunitárias em comunidades tradicionais. Os 126 municípios onde elas estavam situadas seriam atendidos em dois editais ainda em 2016.

Tabela 14: PNO de Radiodifusão Educativa (2016-17)

Mês de divulgação	Maio/2016
Nº de editais	7
Nº de municípios	235 (Fase 1) + 509 (Fase 2)
Início	Agosto/2016 (Previsão)
Fim	Maio/2017 (Previsão)

Fonte: Ministério das Comunicações (2016c)

O novo PNO de Radiodifusão Educativa era dividido em duas fases. A primeira, composta de sete editais, contemplaria todos os 235 municípios para os quais já existiam canais disponíveis e vagos no Plano Básico. Para 95 desses, havia demanda reprimida registrada no ministério. A segunda fase atenderia 509 ainda sem canais vagos, ou seja, ainda seriam necessários estudos técnicos da Anatel visando sua inclusão no Plano Básico. Em 477 desses, pelo menos uma entidade já tinha demonstrado interesse na execução do serviço e, em 32 outros, não existia demanda reprimida, porém neles funcionavam instituições públicas de ensino superior. O Plano Plurianual (PPA) do governo federal estipulara, como meta, o atendimento de 90% dos municípios que dispunham e instituições públicas de ensino superior pelo serviço de radiodifusão educativa. Nesta segunda fase do PNO, havia municípios nos quais fora registrada demanda reprimida tanto para TV, quanto para FM educativas.

Futuro de uma política de outorgas

Se a radiodifusão está ligada ao pluralismo, como parece natural supor, e, se este está ligado à democracia, pode-se dizer que uma política de outorgas clara está, também, vinculada à garantia e à defesa dos direitos democráticos. Para isso, é fundamental que o Estado defina e preserve uma política de outorgas para além das mudanças de governo. O Plano Nacional de Outorgas – ou outro nome que ele venha a ter no futuro – é instrumento essencial à promoção e à defesa do pluralismo na radiodifusão brasileira, bem como, também, ao fomento da competição entre os atores deste segmento, com o objetivo de que a disputa leve a uma melhor prestação do serviço à população. Interromper a publicação de editais, sem que esta rotina seja substituída por política pública consistente, poderá reproduzir, no futuro, uma ocupação de espectro não planejada que irá de encontro à necessidade de conferir pluralismo ao setor.

A política de outorgas deve levar em consideração a massificação dos serviços de radiodifusão e, em alguns casos, mesmo a sua universalização. Parece distante da realidade possível falar em uma emissora de TV educativa em cada município brasileiro; no entanto, é bem razoável planejar, ao menos, uma rádio comunitária em cada um deles ou, pelo menos, um canal de televisão gerando programação local para cada um deles (considerando-se, por exemplo, geradoras e retransmissoras na Amazônia Legal com sede no município ou que cubram um conjunto deles). Assim, a política de outorgas deve considerar os serviços segundo suas especificidades.

Outra questão importante é o planejamento econômico de cada mercado, de forma a não inviabilizar, do ponto de vista financeiro, as emissoras existentes em uma região em função do surgimento de novos atores. Este ponto será retomado adiante.

Em artigo anterior (PIERANTI, 2015), ressaltei que o modelo de Planos Nacionais de Outorgas não resolve todos os problemas concernentes aos sistemas de radiodifusão, o que inclui, por exemplo, o estabelecimento de fontes de financiamento estáveis e a necessária aprovação de novos marcos legais condizentes com o presente (e, espera-se, preparados, em alguma medida, para o futuro). No entanto, esse modelo já garante alguns elementos essenciais para a estruturação dos sistemas de radiodifusão público, privado e estatal, previstos na Constituição Federal como complementares. Dentre esses elementos, cite-se a garantia de espaço para as emissoras dos diferentes serviços, a previsibilidade sobre novas outorgas e a transparência da política de expansão, conferindo segurança jurídica aos novos entrantes.

Passados dois anos da conclusão deste trabalho, já é possível apontar mais um desafio: apesar dos recorrentes editais dos Planos Nacionais de Outorgas, faltam, por vezes, novos interessados na execução de serviços de radiodifusão. Convém analisar, por exemplo, o balanço do PNO de Radiodifusão Comunitária de 2011, elaborado a partir da listagem das entidades concorrentes em avisos de habilitação.

Tabela 15: PNO de Radiodifusão Comunitária – Municípios desertos (2011)

Edital	Total de Municípios	Municípios desertos - total	Municípios desertos - %
1	51	0	0
2	40	6	15
3	50	10	20
4	40	8	20
5	25	3	12
6	50	10	20
7	10	2	20
8	25	4	16
9	50	13	26
10	30	16	53,3
11	60	19	31,7
Total	431	91	21,1%

Fonte: Elaboração do autor, com base em Ministério das Comunicações (2016d)

O plano em análise criou oportunidades em 430 municípios onde não havia emissora autorizada, nem processo de outorga em andamento, como já apresentado. Em mais de um quinto deles (21,1%), nenhuma entidade concorreu, ou seja, supostamente não havia interessados localmente na prestação deste serviço. Houve tempo suficiente para as inscrições, já que os editais foram publicados com bastante antecedência. Os avisos de habilitação foram divulgados em reportagens no site do ministério, pela mídia especializada, por meios de comunicação e por entidades representativas da sociedade civil atuantes no setor. Assim, o argumento do desconhecimento pode ser até utilizado em alguns casos, mas, em outros, não havia associações ou fundações interessadas na prestação deste serviço localmente.

Existem, portanto, diferentes desafios a serem enfrentados que ultrapassam os limites dos Planos Nacionais de Outorgas. Eles são, contudo, um dos elementos essenciais à garantia do pluralismo e da possibilidade de massificação ou eventualmente universalização dos serviços de radiodifusão.

Televisão em tempos de digitalização

Não eram claras as perspectivas para o setor de radiodifusão no início de 2011. A despeito da previsão de complementaridade afirmada pela Constituição Federal de 1988, eram poucos os pontos de contato entre o sistema privado e os sistemas público e estatal. Enquanto o primeiro cindiu-se no processo da Conferência Nacional de Comunicação, como já visto, os demais, que serão tema de um capítulo específico, atuavam de forma mais articulada desde a realização do Fórum Nacional de TVs Públicas.

A capacidade do sistema privado de radiodifusão – ou da radiodifusão comercial – de enfrentar os novos desafios impostos pelo século XXI também era incerta. Uma corrente apontava os baixos índices de acesso à Internet no país e a longa tradição da radiodifusão como indicativos de que essa ainda seria, por várias décadas, o elemento central da mídia no país. Outros intuíam que as novas plataformas digitais rapidamente ameaçariam o reinado das antigas emissoras. Prova disso seria o destaque que IPTV, vídeo sob demanda e outros começavam a ganhar no plano internacional.

A legislação antiga, aprovada, em grande parte, quase 50 anos antes, servia de argumento para ambas as teses. As regras existentes poderiam justificar a percepção de que, por falta de obstáculos, o sistema privado, no caso da TV, continuaria estruturado em grandes redes nacionais, alimentadas por um mercado publicitário consolidado. Por outro lado, a inexistência de barreiras legais consistentes à entrada, na comunicação de massa, das novas plataformas digitais era, de fato, uma ameaça. Nesse sentido, parecia corroborar essa tese a discussão sobre Emenda Constitucional nº 36 de 2002, que, dentre outros dispositivos, previra a propriedade de empresas jornalísticas por brasileiros natos ou naturalizados há mais de dez anos, ou a empresas constituídas sob as leis brasileiras e com sede no país, permitindo investimentos de forma limitada. Ora, portais internacionais com foco central no jornalismo, cada vez mais, disponibilizavam conteúdo em português, produzido no Brasil, e não eram punidos.

Uma tentativa de estabelecer limites ao avanço das novas plataformas apareceu na lei nº 12.485 de 2011, que reestruturou o setor de TV por Assinatura. À época, acreditava-se que as grandes prestadoras de serviços de telecomunicações, grupos econômicos muito maiores que as emissoras de radiodifusão, pretenderiam contratar os principais artistas e adquirir direitos exclusivos sobre conteúdos importantes para veiculação em plataformas digitais. Depois de quatro anos de debate, isso foi vedado pela nova lei, que impediu, também, o controle de emissoras de radiodifusão por prestadoras de telecomunicações e vice-versa. Preservavam-se, assim, pontos de interesse da radiodifusão.

Regulação econômica

Candidata à reeleição, Dilma Rousseff manifestou-se algumas vezes, durante a campanha de 2014, sobre o que entendia como perspectivas para a regulação da comunicação de massa no Brasil. Em uma delas, durante debate transmitido ao vivo na TV, fora questionada sobre o "controle da mídia", como seus adversários e parte da mídia preferiam se referir ao tema. A expressão obviamente carregava uma conotação negativa, que tentava relacionar o processo regulatório, atividade típica de Estado nos mais diferentes setores econômicos, ao cerceamento de direitos, como a liberdade de expressão e a liberdade de imprensa.

Em outra manifestação sobre o tema, durante entrevista realizada por jornalistas atuantes em diversos sites, Dilma teve mais tempo para defender o que chamou de "regulamentação econômica" do setor. Em síntese, argumentou que essa ação permitiria avaliar eventual cenário de concentração e promover a competição, sem qualquer tentativa de cercear direitos garantidos na Constituição Federal. Ademais, a regulação econômica era perspectiva adotada nos mais diferentes setores, bem como, no caso da mídia, era considerada natural também no plano internacional. A tabela a seguir resume o estágio desta discussão em 2015.

Tabela 16: Regulação econômica da comunicação de massa – cenário internacional (2013-2015)

	Resumo das regras
Estados Unidos	A cada quatro anos, a FCC deve rever as regras referentes à concentração econômica. Em 2015, estava em curso um desses processos. Um mesmo grupo não podia controlar um jornal diário e uma emissora de radiodifusão de alta potência (AM, FM e TV) que cubrissem o mesmo município. Um mesmo grupo não podia deter um total de emissoras de TV que chegasse potencialmente a mais de 39% dos domicílios americanos (esta regra não estava em discussão no processo de revisão). Estavam proibidas fusões entre as

	principais 4 redes americanas (ABC, CBS, Fox, NBC). A posse de emissoras locais em uma mesma área, por um mesmo grupo, era permitida, desde que, além delas, houvesse pelo menos outras oito estações independentes. A propriedade cruzada de emissoras de TV e rádio era permitida, em situações específicas, desde que houvesse outras independentes. Também existiam limites sobre total máximo de outorgas de emissoras locais de rádio, a depender do tamanho do mercado.
Reino Unido	A cada três anos o Ofcom deveria rever suas regras referentes à concentração econômica. A última havia sido realizada em novembro de 2012 e não foi ampla. A regra atual previa que uma empresa controladora de um jornal nacional com mais de 20% do mercado não poderia deter uma licença para retransmitir o Canal 3, nem deter participação superior a 20% em outorga destinada a retransmitir este canal (que é o principal dentre os privados). A Ofcom recomendava não rever esta regra, porém opinava por conferir ao Parlamento a faculdade de decidir quando e se esta regra deve ser suprimida. Também sugeriu a manutenção da regra que permitia ao Secretário de Estado (Ministro) vetar fusões de empresas de mídia que pudessem implicar em violação do interesse público. Na revisão de 2009, bem mais ampla, Ofcom removeu os

	limites estabelecidos para total de outorgas de emissoras de rádio local. Além disso, permitiu a propriedade cruzada, no nível local, desde que uma mesma entidade não dispusesse, simultaneamente, de um jornal local com mais de 50% do mercado potencial; rádio local e TV local que retransmitisse o Canal 3. A Ofcom manteve as seguintes regras: impedimento de propriedade cruzada entre Canal 3 e jornais nacionais; separação entre as fontes de financiamento do Canal 3 e da BBC.
Alemanha	Regulação da radiodifusão realizada no nível estadual, mas condicionada por um Acordo Interestadual de Radiodifusão, já alterado diversas vezes. Deviam ser observadas regras específicas por empresas que atingissem posição dominante, caracterizada quando todos os meios de comunicação da mesma empresa, considerando todas as suas participações, têm audiência média anual de 30% do público ou 25% em um mercado relevante qualquer (conceito semelhante vale pros EUA). Nesses casos, ela não poderia receber nova licença, nem adquirir parte de outra empresa em operação no setor. Incidiam sobre essas empresas, ainda, outras obrigações, como a de veicular programação independente e instalar um comitê de assessoramento que permitisse traçar políticas

	públicas de garantia do pluralismo na programação.

Fontes: Elaboração do autor, com base em Ofcom (2012), Wimmer (2014) e FCC (2015)

O modelo brasileiro estava muito distante dos existentes no plano internacional. No país, faltavam informações básicas e atualizadas, em bases de dados públicas, sobre cobertura real das grandes redes, faturamento e relações de propriedade cruzada, dentre outras. O conceito de "rede" começara a ser esboçado no decreto nº 52.795 de 1963 e o decreto nº 5.371 de 2005 previa que a alteração de geradora cedente da programação veiculada por uma retransmissora só poderia ser feita mediante anuência prévia do ministério (posteriormente a regra foi alterada, e o reconhecimento passou a ser feito por homologação). Em tese, o Estado dispunha dos insumos necessários para o mapeamento das redes; no entanto, era muito comum a alteração de geradora cedente sem qualquer solicitação de anuência, o que, quando descoberto em ação de fiscalização, implicava em sanção da entidade detentora da outorga de RTV.

As regras referentes à propriedade de emissoras restringiam-se a limitar o número de outorgas, por serviço, para cada entidade. O decreto-lei nº 236 de 1967 estabelecia, por exemplo, um máximo de dez outorgas de TV por entidade. Não havia qualquer limitação à formação de redes, o que permitia (e permite) às geradoras alcançar maior cobertura por meio de contratos comerciais que não passavam pelo Estado. Além disso, não havia (nem há) limites para número de outorgas de estações de retransmissão de TV, o que permite um crescimento, em tese, ilimitado.

Alguns acontecimentos recentes poderiam começar a desenhar um novo cenário. Imaginada como elemento que propiciaria a rápida expansão da TV por Assinatura, a lei nº 12.485 deveria garantir, nesse segmento, espaço para a radiodifusão sem inviabilizar receitas futuras. Assim, terminou por prever, em seu art. 32, o carregamento obrigatório das emissoras da localidade, com sinal analógico, e a possibilidade de cobrança, pelas emissoras, para o fornecimento do seu sinal digital. Em caso de inviabilidade técnica, a lei previa a preferência de carregamento para geradoras locais responsáveis por veicular conteúdos nacionais.

Curiosamente, por vias transversas, esse dispositivo determinou um inédito olhar sobre a configuração do mercado de televisão no Brasil. Até então, estudos nesse sentido restringiam-se à área acadêmica ou a projetos no âmbito de movimentos sociais, como o Projeto Donos da Mídia. Mas quais eram os conteúdos nacionais, ou seja, quais eram as redes nacionais responsáveis pela veiculação dessas programações? O Estado brasileiro não se pronunciara sobre isso – até então.

Para fazer cumprir a previsão legal, a Anatel estabeleceu, em regulamento, quais eram essas redes. Todas as prestadoras de TV por Assinatura que carregassem uma delas deveriam carregar, pelo menos, um sinal de cada uma das outras. As redes nacionais deveriam cobrir todas as regiões brasileiras e mais de um terço da população. A primeira lista, estabelecida em 2012, previa 14 redes; a segunda, publicada em 2016, atingiu 16.

Três dessas redes – Globo, SBT e Record – tinham, em 2015, o *market share* somado de cerca de 66% (IBOPE, 2017). Outras sete (Ideal, RBI, TV Aparecida, Canção Nova, RIT, Rede Vida e TVCI) transmitem ou transmitiram, durante parte do período em que constaram da lista, programação, em grande parte, de cunho religioso, outra das características do segmento.

A medida, porém, não levou à coleta de informações sobre o alcance real de todas as redes de televisão. Mais que isso, as crescentes dificuldades políticas seriam uma barreira ao avanço do tema. Nos primeiros dias de 2015, o deputado Eduardo Cunha, líder do PMDB no governo anterior e futuro presidente da Câmara dos Deputados, declarou que o partido era contra a "regulação da mídia". Enfático, o então deputado, em rede social, disse que o partido "nem aceita discutir o assunto" (COELHO, 2015). Semanas depois, foi ainda mais claro: "aborto e regulação da mídia só serão votados passando por cima do meu cadáver" (LEAL, 2015). Além de ter a maior bancada da casa, o PMDB era, também, o partido do vice-presidente da República.

Depois de Dilma defender, na campanha à Presidência da República, a regulação econômica do setor, a Comissão de Ciência e Tecnologia, Comunicação e Informática (CCTCI) da Câmara dos Deputados incluiu, na pauta de sua primeira reunião de 2015, os PLs nº 4026/04 e 6667/09. Ambos tratavam exatamente daquele tema. O primeiro recebeu parecer contrário do relator, em dezembro de 2014, logo depois da eleição. O segundo esteve parado durante mais de quatro anos.

Por mais que coubessem sugestões aos dois projetos, eles tinham uma grande virtude – pautar o tema da regulação econômica. Sua inclusão na pauta logo na primeira reunião, considerando o parecer negativo do relator, sinalizava uma possível tentativa de enterrar a discussão já no início do governo.

Os projetos foram retirados de pauta por requerimento das deputadas Luiza Erundina e Margarida Salomão. A primeira apresentou, ainda, solicitação de realização de audiência pública sobre a matéria. Como representante do ministério, destaquei a naturalidade com que a regulação econômica do setor era tratada no cenário internacional, conforme regras já apresentadas neste capítulo. O planejamento econômico do setor era, ainda, benéfico às emissoras e fora adotado, no Brasil, em setores próximos da radiodifusão, como o de TV a Cabo e o de telefonia fixa. A ausência de considerações técnicas sobre novas outorgas levara à conformação de cenários locais muito distintos, mesmo considerando municípios com população e PIB parecido. A saturação do setor, considerando as limitações do mercado publicitário, principal fonte de receita das emissoras comerciais, prejudicaria a todos. Ainda no primeiro semestre de 2015, o deputado Helder Salomão apresentou requerimento para que os dois projetos fossem, antes, apreciados na Comissão de Desenvolvimento Econômico, Indústria e Comércio (CDEIC) – afinal, tratava-se de tema inerente à regulação econômica. Os projetos foram remetidos à nova comissão, onde ganharam dois pareceres por sua rejeição. Até o fim de 2016, não haviam sido votados.

A essa altura, outro ator começara a se manifestar sobre as atribuições regulatórias do ministério das Comunicações. O Tribunal de Contas da União (TCU) rejeitara a metodologia de cálculo para o valor mínimo de outorgas em novas licitações de radiodifusão, que estavam suspensas desde 2010. Desde então, o ministério tentava se adaptar às condições determinadas pelo tribunal. Conforme constante de voto de junho de 2015, no processo TC 031.964/2014-1, a unidade técnica do tribunal propunha determinar ao ministério que comprovasse, no prazo de um ano, "a adoção de medidas de fiscalização econômico-financeira das outorgas de radiodifusão que permitam, por exemplo, a estruturação de banco de dados que agregue informações do mercado (...)" (TCU, 2015).

Cabia ao ministério, portanto, tentar sistematizar dados econômicos sobre o setor, não disponíveis no órgão. A Portaria nº 1.383, publicada em 13 de abril de 2016, tentava iniciar esse procedimento. Previa que as entidades detentoras de outorgas de serviços de radiodifusão e seus ancilares deveriam disponibilizar informações técnicas e financeiras, via sistema eletrônico a ser disponibilizado pelo ministério, até o dia 30 de abril de cada ano. A reação da Associação Brasileira de Emissoras de Rádio e Televisão (Abert) foi imediata: a associação defendeu que exigências de informações econômicas individualizadas das emissoras constituiriam imposição de ônus que não estaria relacionado à "verificação da adequada prestação dos serviços, em flagrante violação do sistema constitucional de organização e funcionamento do serviço de radiodifusão", dispondo-se a adotar "todas as medidas necessárias, inclusive judiciais, para a preservação do setor" (POSSEBON, 2016).

Em 30 de setembro de 2016, o novo governo editou a Medida Provisória nº 747, que, dentre outras medidas, anistiou as emissoras que perderam seu prazo de renovação (criando nova oportunidade para se regularizarem), à exceção das rádios comunitárias, e aboliu a necessidade de anuência prévia para transferência indireta de outorgas, ou seja, a mudança dos controladores de uma entidade detentora de outorga não precisa mais ser submetida à apreciação inicial do ministério para tornar-se válida. Algumas alterações no texto foram promovidas durante seu debate no Congresso Nacional, como, por exemplo, a extensão da anistia às rádios comunitárias. O texto convertido na lei nº 13.424, de 28 de março de 2017, no entanto, manteve o espírito da proposta original em diversos pontos, como a mencionada desnecessidade de aprovação prévia das transferências indiretas. No dia 28 de abril de 2017, foi publicada a Portaria nº 2.253, que revogou a previsão de apresentação de informações técnicas e financeiras pelas emissoras de radiodifusão. O novo documento não previu nenhuma dinâmica semelhante.

Digitalização da TV

A televisão digital já era uma realidade quando Dilma Rousseff venceu sua primeira eleição. O decreto nº 4.901, de 26 de novembro de 2003, começara a tratar do tema e o nº 5.820, de 29 de junho de 2006, apresentou decisões importantes, como a escolha do padrão japonês, a ser complementado por inovações brasileiras, dando origem ao padrão nipo-brasileiro; a garantia de migração, para a plataforma digital, de todas as outorgas analógicas de TV existentes; a criação de canais públicos, a serem discutidos posteriormente neste livro; e o ano de 2016 como marco para o desligamento dos sinais analógicos no país.

Era justamente este prazo o que mais preocupava o governo em 2011. Já haviam se passado quase cinco anos da publicação do decreto e algumas emissoras transmitiam seu sinal digital, que era captado por alguns aparelhos receptores já vendidos no país. No entanto, a migração completa, capaz de levar ao desligamento da TV Analógica em todo o país, era muito complexa e deveria ser planejada em diferentes frentes. Não por acaso, desligamento total não havia ocorrido, até então, em nenhum país do mundo.

Uma primeira frente dizia respeito à recepção: o ministério determinou, na Portaria nº 481, de 9 de julho de 2014, que, pelo menos, 93% dos domicílios que acessavam a TV analógica em um município deveriam estar aptos a receber o sinal digital. Do contrário, o desligamento não ocorreria. Seria necessária a substituição do parque de aparelhos existentes ou, onde isso não fosse possível, a compra de conversores a serem acoplados aos antigos aparelhos. Essa foi uma solução transitória adotada em diversos países. A indústria precisaria passar a produzir equipamentos na quantidade necessária para essa substituição, de acordo com a normatização técnica do sistema, o que dependeria de políticas públicas voltadas para esta finalidade. Contava-se, ainda, com uma estimativa que poderia colaborar na solução do problema, mas não dentro do prazo proposto: o brasileiro tendia a trocar seu aparelho de TV a cada dez anos e, nesse processo, naturalmente compraria um equipamento apto a receber os sinais digitais.

A segunda era a transmissão. Todas as mais de 500 geradoras de TV e mais de 13 mil retransmissoras existentes no país precisariam dispor dos equipamentos inerentes à transmissão do sinal digital. Para isso, novamente a indústria deveria garantir a sua produção, e eram limitadas as possibilidades do Ministério das Comunicações para contribuir com esse cenário. Além disso, as entidades detentoras das outorgas deveriam dispor dos recursos necessários para comprar os equipamentos e de mão-de-obra especializada para operá-los. O BNDES chegou a disponibilizar programa específico para a digitalização das emissoras, o ProTVD, mas seu resultado ficou aquém do esperado devido à baixa procura das entidades detentoras de outorgas.

A situação das retransmissoras era ainda mais incerta. Dois problemas demandavam solução urgente. O primeiro dizia respeito ao seu direito de migrar para a plataforma digital. Discutia-se se as retransmissoras secundárias, sujeitas a critérios precários de exploração, teriam garantido seu par digital. O pareamento de frequências (ou seja, o estabelecimento dos canais correspondentes, ou "pares", dos canais utilizados na plataforma analógica) não considerara essa obrigatoriedade, a despeito de não haver ressalva, neste sentido, no decreto nº 5.820. Por meio da Portaria nº 486, de 18 de dezembro de 2012, o Ministério das Comunicações dirimiu a dúvida, prevendo a possibilidade de migração das chamadas RTVs secundárias. Como uma das bases da migração era a preservação, na medida do possível, de todas as programações existentes em cada localidade, a nova decisão fazia sentido. No entanto, a pouco mais de três anos da data prevista para o desligamento, ela significava atribuir a Anatel tardiamente a tarefa de revisar todo o Plano Básico, ou seja, revisar todo o planejamento de atribuição de frequências feito até então. A Agência viria a desenvolver este trabalho em parceria com as áreas de engenharia das emissoras de radiodifusão em reuniões nas quais se buscava encontrar um consenso referente à ocupação do espectro em cada região.

Solucionar este problema seria trabalhoso, mas, ainda assim, administrável. A segunda questão era bem mais difícil de ser resolvida: das mais de 13 mil retransmissoras analógicas autorizadas no país, mais de 3.300 eram de prefeituras. O modelo era estranho e questionável, mas permitiu a expansão da radiodifusão no interior do país: em décadas anteriores, em pequenos e médios municípios onde as grandes redes não tinham interesse econômico suficiente para investir em estações, prefeitos pressionados pela população optaram por solicitar as outorgas ao ministério para retransmitir as programações. Os contratos de afiliação entre a Prefeitura e as emissoras não era submetido a qualquer tipo de apreciação do ministério (assim como não ocorria nada semelhante em outros contratos do mesmo tipo). Assim a população pôde assistir a programação no interior do país; assim, às vésperas do início do desligamento, cerca de um terço das retransmissoras do país pertenciam a prefeituras que, muitas vezes, não executavam procedimentos burocráticos inerentes a uma outorga, estavam em dívida com a União, não tinham dinheiro para investir na compra de novos equipamentos e sequer observavam os prazos referentes ao desligamento da TV Analógica. Até o fim do governo Dilma, esta situação preocupava os envolvidos no processo de migração e não havia uma única solução geral para o problema.

Uma terceira frente dizia respeito à celeridade do Ministério das Comunicações nos ritos burocráticos que lhe cabiam. Nessa seara, o ministério não teria direito de errar, já que não poderia ser o atravancador do desligamento. Para que isso não ocorresse, entre 2011 e 2013, a SCE desburocratizou seu processo de consignação de pares digitais (ou seja, a atribuição do canal para execução do serviço em plataforma digital pelas entidades que já o executavam no mundo analógico), já que, até 2011, poucos desses processos haviam sido concluídos; criou grupo de trabalho para o tratamento mais célere desses processos; abriu diversas oportunidades para que as entidades se regularizassem; e previu regras para que outras entidades assumissem as outorgas não mais desejadas pelas entidades que originariamente as controlavam, evitando, assim, a interrupção da programação para o telespectador. Eventuais atrasos no desligamento não poderiam ser atribuídos à morosidade no tratamento dos processos pelo ministério.

Considerando as dificuldades apresentadas, o prazo de desligamento em 2016 era irreal. Aliás, a complexidade do ato de desligamento impediria, por si só, a conclusão do processo em todo o país no mesmo dia, tal como previsto em decreto. O decreto nº 8.061, de 29 de julho de 2013, publicado no dia seguinte, reviu essa situação. Foi antecipado o prazo para o início do desligamento, que deveria começar em 2015, e estendido o prazo final até 2018, conforme cronograma a ser divulgado pelo Ministério das Comunicações. Mesmo este novo prazo viria a ser alterado nos últimos dias antes do afastamento temporário da Presidenta da República: o decreto nº 8.753, de 10 de maio de 2016, publicado no dia seguinte, fixava que o cronograma do processo viria a ser fixado pelo Ministério das Comunicações. Na prática, caberia ao órgão, por ato interno, estabelecer se e quando ocorreria o desligamento da TV analógica em todo o país. O cronograma dos municípios a terem seu sinal desligado foi fixado inicialmente pela Portaria nº 477, de 20 de junho de 2014, e alterado posteriormente por sucessivos novos atos.

Tabela 17: Primeiro cronograma de desligamento da TV Analógica

Data	Localidades
29/11/2015	Rio Verde/GO
3/4/2016	Brasília
15/5/2016	São Paulo
26/6/2016	Belo Horizonte
28/8/2016	Goiânia
27/11/2016	Rio de Janeiro
25/6/2017	Curitiba, Florianópolis e Porto Alegre
30/7/2017	Salvador, Fortaleza e Recife
27/8/2017	Campinas e Ribeirão Preto/SP
24/9/2017	Vale do Paraíba e Santos/SP
29/10/2017	Interior do RJ e Vitória

Data	Localidades
26/11/2017	São José do Rio Preto, Bauru e Presidente Prudente/SP
1/7/2018	Manaus, Belém e São Luís
29/7/2018	Natal, João Pessoa, Maceió, Aracaju e Teresina
26/8/2018	Campo Grande, Cuiabá e Palmas
25/11/2018	Porto Velho, Macapá Rio Branco, Boa Vista e demais cidades

Fonte: Portaria MC nº 477, de 20 de junho de 2014

Um novo elemento viria a se tornar peça-chave no processo de desligamento: a chamada faixa de 700 MHz. Internacionalmente seu uso era muito comum por prestadoras interessadas em ofertar banda larga móvel. No Brasil, porém, esse era o fim da faixa usada para TV Analógica e também seria utilizada para TV Digital. Por volta de 2011, a batalha internacional estava, porém, decidida: resoluções da UIT e da Citel já mencionavam o uso da faixa de 700 MHz para os serviços móveis de telecomunicações. Ainda que o Brasil sustentasse, por meio de nota de rodapé, o uso dessa faixa para a radiodifusão e, apenas em caráter secundário, para os serviços móveis de telecomunicações, fabricantes já desenvolviam equipamentos para banda larga utilizando esta faixa e o clamor por Internet de alta velocidade em todo o mundo, inclusive no Brasil, era bem superior ao destinado à radiodifusão. Com a cada vez mais provável destinação da faixa de 700 MHz às telecomunicações no Brasil, a radiodifusão perderia possibilidade de expansão de cerca de 19 canais, em tese, por localidade, o que a transformaria em um serviço com dificuldades de crescer. Por outro lado, a praxe era: no processo de "limpeza da faixa", novos entrantes indenizam os ocupantes anteriores das frequências. Na prática, seria aberta uma possibilidade de aporte de recursos de prestadoras de telecomunicações para a transição rumo a TV Digital.

O Ministério das Comunicações tomou oficialmente a decisão sobre o destino da faixa, no Brasil, pela Portaria nº 14, de 6 de fevereiro de 2013. O art. 2º do documento determinava que a Anatel iniciasse "os procedimentos administrativos para a verificação da viabilidade da atribuição, destinação e distribuição da Faixa de 698 MHz a 806 MHz para atendimento dos objetivos do PNBL". Ou seja, a faixa de 700 MHz seria utilizada para a expansão da oferta de banda larga, alvo do Plano Nacional de Banda Larga (PNBL), ressalvada parte da faixa que seria usada para aplicações relativas à segurança. Em 21 de agosto de 2014, a Anatel publicou o Aviso de Licitação da faixa. No dia 6 de outubro a licitação já estava adjudicada.

O edital da licitação criou duas instâncias que seriam cruciais para o processo de digitalização da faixa. Uma era o Grupo de Implantação do Processo de Redistribuição e Digitalização de Canais de TV e RTV (GIRED), que seria integrado por representantes do ministério, da Anatel, do setor de radiodifusão e das prestadoras de telecomunicações vencedoras da licitação. A outra instância era a Entidade Administradora do Processo de Redistribuição e Digitalização de Canais de TV e RTV (EAD), na prática, o braço operacional do GIRED.

O valor total da licitação superou R$9 bilhões, dos quais R$3,6 bilhões deveriam ser utilizados para a operação de limpeza da faixa. Esse valor incluía, dentre outros, a indenização dos radiodifusores; a distribuição de um conversor com interatividade e uma antena de recepção a cada família cadastrada no Programa Bolsa Família do governo federal, garantindo, assim, o acesso a TV Digital a cerca de

14 milhões de famílias de baixa renda; e custos administrativos da EAD.

Ainda que houvesse a possibilidade de recurso ao Ministro, a maior parte das decisões sobre o processo de desligamento, até 2016, foi tomada por consenso no próprio GIRED. Não foram poucas as discussões sensíveis nesta fase do processo: geraram polêmica, por exemplo, temas como a metodologia da pesquisa para confirmar ou não o atingimento da meta de 93% dos domicílios aptos a receber o sinal digital; as comprovações necessárias para o ressarcimento de entidades detentoras de outorgas de radiodifusão; as características técnicas dos conversores a serem distribuídos à população de baixa renda; e o tipo e a frequência das inserções a serem feitas na programação das emissoras sobre o desligamento do sinal analógico.

O chamado "piloto" do desligamento foi realizado em Rio Verde, em Goiás. Com pouco mais de 210 mil habitantes, o município era um bom laboratório para o desligamento: recebia sinais de TV provenientes apenas do município, incluindo o de uma geradora, que veiculava programação produzida localmente e poderia colaborar na divulgação do desligamento; tinha um PIB elevado, portanto a troca de equipamentos receptores não seria um problema para grande parte da população; e ficava a poucas horas de viagem de Brasília, contando com aeroporto, o que facilitaria o deslocamento da equipe do ministério, da Agência e das emissoras envolvidas. Com desligamento inicialmente previsto para 29 de novembro de 2015, o sinal analógico no município foi efetivamente desligado, depois de adiamentos, em 29 de fevereiro de 2016, ou seja, com três meses de atraso. Nessa data, Rio Verde tornou-se o primeiro município da América do Sul a migrar inteiramente para uma plataforma digital de TV. A seguir, Brasília seria o município seguinte a ter desligada a sua transmissão analógica. Esse procedimento, previsto inicialmente para

3 de abril de 2016, foi concluído com um atraso de pouco mais de sete meses, em 17 de novembro do mesmo ano, já durante o novo governo. Em ambos os casos, não ocorreram protestos significativos e a imensa maioria da população continuou tendo acesso aos canais que já assistiam.

Apesar dos atrasos e dificuldades, o desligamento começou a ocorrer, de forma tranquila, ainda no governo de Dilma Rousseff. Um processo complexo como este envolve, com diferentes níveis de comprometimento, diversas áreas de diferentes órgãos da administração pública. É difícil, portanto, identificar todos os profissionais que nele desempenharam funções centrais. Mesmo assim, vale destacar o trabalho de replanejamento do espectro visando a migração para a TV Digital, que começou ainda durante o governo Lula, sob equipe coordenada inicialmente por Ara Minassian e Yapir Marotta e, no momento do primeiro desligamento, por Vitor Menezes e Agostinho Linhares. Na coordenação do Gired, o então conselheiro da Anatel, Rodrigo Zerbone, desempenhou importante função na mediação entre os setores de telecomunicações e radiodifusão, que, muitas vezes, tinham interesses opostos. Uma das grandes virtudes do Ministério das Comunicações, a despeito das mudanças de dirigentes, foi manter uma equipe de técnicos e coordenadores que acompanharam todo o processo, entendendo-o tecnicamente, ganhando a confiança dos diferentes interlocutores e preservando a memória institucional. Servidores como William Zambelli e Roberto Colletti foram, assim, importantes para garantir os resultados deste processo.

Interatividade

Além de oferecer uma melhor qualidade de imagem ao telespectador, a TV Digital oferecia, ainda, algumas outras vantagens quando comparada à plataforma analógica. Uma delas, a multiprogramação, será tratada no capítulo sobre radiodifusão pública. A outra, a interatividade, ainda era uma grande dúvida em 2011.

À época da discussão do padrão a ser adotado, a interatividade era apresentada como um grande avanço possível da nova plataforma. Não era raro assistir a palestras de profissionais ligados a emissoras privadas que ressaltavam como o telespectador, com um simples clique no controle remoto, poderia comprar o vestido da atriz ou a gravata do ator de uma novela. Para o setor público, isso, claro, não bastaria. Porém, se o aperto de um botão do controle remoto seria capaz de realizar uma compra, deveria ser capaz, também, de marcar uma consulta na rede pública de saúde e matricular uma criança na escola pública. Seria possível, portanto, oferecer serviços públicos à distância para todos os que tivessem uma TV Digital.

Ainda antes da opção pelo padrão nipo-brasileiro de TV Digital, o governo federal, em 2003, financiou pesquisas de diversos institutos na tentativa de desenvolver um padrão brasileiro. Algumas delas renderam frutos, sendo o principal deles decorrente da atuação conjunta da Pontifícia Universidade Católica do Rio de Janeiro (PUC-RIO) e da Universidade Federal da Paraíba (UFPB). O *middleware* Ginga, depois incorporado ao SBTVD-T, é uma camada intermediária entre o sistema operacional e suas aplicações. Foi concebido de forma a dar suporte, inclusive, à interatividade. Seu primeiro perfil normatizado não permitia a exibição simultânea, na mesma tela, do conteúdo tradicional da radiodifusão e do conteúdo executado pelo próprio Ginga. O segundo perfil normatizado não resolvia a questão do ponto de vista da qualidade percebida pelo telespectador. A alternativa seria o Ginga C.

A consecução da interatividade dependia, ainda, do canal de retorno, ou seja, da possibilidade técnica de envio da informação do controle remoto para a TV e desta para a emissora. O canal de retorno mais evidente seria a conexão com a Internet, porém sua capilaridade nos lares brasileiros ainda era limitada. Existiam três tipos de interatividade: a primeira, de caráter local, não dependia de canal de retorno, constituindo-se apenas na interação do telespectador com sua televisão ou conversor, a partir de aplicações enviadas pelas emissoras e armazenadas nesses equipamentos; a segunda era a intermitente e dependia de um canal de retorno apenas durante os momentos nos quais a interação se fizesse necessária; e, por fim, a permanente, quando o telespectador pode interagir diuturnamente com a programação.

Em 2011 as percepções da radiodifusão comercial e do setor público sobre interatividade já eram díspares. As emissoras privadas não demonstravam grande entusiasmo com o tema, o que viria a diminuir ainda mais com o passar dos anos. Algumas causas podem ser levantadas: o canal de retorno não se efetivara na prática; as TVs ditas "conectadas" eram mais caras e não seriam compradas por todos; as grandes redes já dispunham dos seus portais na Internet, com os quais poderiam interagir com os usuários que tivessem acesso à rede; o Ginga não resolvera, por completo, suas dificuldades técnicas e ainda não havia sido normatizado o seu padrão C.

Já o setor público mantinha a esperança na implementação da interatividade. Dois projetos correram em paralelo no período. Um era coordenado pela EBC e, mais especificamente, por André

Barbosa, inicialmente assessor da Presidência e, depois, superintendente, tendo recebido o nome de Brasil 4D. A empresa realizou um piloto em João Pessoa, onde foram instalados conversores com aplicações e residências de famílias de baixa renda. Objetivava-se testar a interação do telespectador com a TV e seu uso de aplicações que permitiriam, por exemplo, acessar informações bancárias na rede pública, marcar consultas, verificar vagas de emprego disponíveis na região, dentre outras. A seguir, foi realizada nova fase do programa em Brasília.

O outro foi o Programa de Estímulo ao Desenvolvimento do Padrão Nacional de Interatividade da Televisão Digital Brasileira – Programa Ginga Brasil, criado, em dezembro de 2012, no Ministério das Comunicações, e implementado graças à atuação de James Görgen, seu coordenador, e Wanessa Souza, dentre outros. No âmbito do programa, foram desenvolvidas ações como a criação de um repositório público de conteúdos e aplicações interativas, em parceria com a Rede Nacional de Ensino e Pesquisa (RNP), a Puc-Rio e a UFPB; concurso público para a instalação de laboratórios, em emissoras públicas, voltados à criação de conteúdos interativos; capacitação dos profissionais dessas emissoras; investimentos em laboratórios de pesquisa; e investimentos iniciais para o desenvolvimento de um serviço experimental de distribuição de conteúdos digitais multimídia (CDN, na sigla em inglês).

O programa estava no âmbito da Política Nacional de Conteúdos Digitais Criativos, criada pelo ministério com diversas ações não necessariamente relacionadas à radiodifusão, tema deste livro. Uma dessas foi o concurso INOVApps, que apoiou o desenvolvimento de aplicativos de interesse público para dispositivos móveis e TVs digitais conectadas a Internet, que, depois, seriam disponibilizados gratuitamente à sociedade. No primeiro concurso, realizado em 2014, foram recebidas 2451 inscrições, sendo contemplados 50 projetos; no segundo, de 2015, que previa alguns filtros iniciais referentes às possibilidades de participação, foram recebidas 935 propostas (MINISTÉRIO DAS COMUNICAÇÕES, 2015c).

Paralelamente, a partir de 2014, outros órgãos públicos começaram a desenvolver aplicações a serem utilizadas na TV Digital. O Ministério do Desenvolvimento Social interessava-se em soluções voltadas ao Bolsa Família e o Ministério da Cultura criou o "Quero ver cultura", aplicativo que disponibilizaria conteúdo audiovisual brasileiro ao telespectador. Esse ânimo sobre a interatividade existiu graças ao apoio de MC e EBC ao tema; à garantia regulamentar de que os conversores destinados ao Bolsa Família disporiam das condições de acesso a este recurso; e à certeza de que o Ginga C, cuja normatização não fora concluída ainda, já era uma realidade.

Em 2015, no processo de normatização, no Gired, dos conversores a serem comprados para as famílias de baixa renda, a discussão sobre interatividade tornou-se central. Os valores previstos no edital da faixa de 700 MHz foram estipulados ainda antes da alta da cotação do dólar, intensificada a partir do fim de 2014. Como grande parte dos equipamentos para a limpeza da faixa seria comprada no exterior, era preciso reduzir custos, sob pena de serem insuficientes os recursos destinados a todo o projeto. Ademais, ainda existia a polêmica em torno do Ginga C. Chegou a ser discutida a compra dos conversores apenas com Ginga A ou B, mas, por fim, houve a decisão favorável ao modelo mais completo. Mesmo depois dessa decisão, a opção feita chegou a ser questionada, mas, até a conclusão deste livro, não houve alteração substancial neste ponto.

Acessibilidade

Em 2012, segundo o IBGE, 45,6 milhões de pessoas tinham algum tipo de deficiência, o que equivalia a mais de 24% da população brasileira (LEAL; THOMÉ, 2012). Desses, 35 milhões de pessoas declararam ter dificuldade de enxergar, ainda que estivessem usando óculos ou lentes de contato. O grau da deficiência era variável; mesmo assim, o problema era grande. Quase um quarto da população brasileira deveria ser atendida por políticas públicas inclusivas e específicas nos mais diferentes setores econômicos. A lei nº 13.146, de 6 de julho de 2015, instituiu o Estatuto da Pessoa com Deficiência, consagrando seus direitos e criando dispositivos para garanti-los efetivamente.

A TV Digital permitia avanços impensados ou de difícil implementação na plataforma analógica. Basicamente três recursos poderiam ser criados: a legenda oculta, uma narração, por escrito, dos acontecimentos do conteúdo veiculado, bem como das falas dos personagens; a audiodescrição, uma narração oral dos movimentos constantes do programa, destinada a situar o telespectador sobre os acontecimentos entre os diálogos dos personagens; e a janela de Libras, com explicações, em linguagem de sinais, do que estava ocorrendo no programa. Os recursos poderiam ser acionados pelos interessados em utilizá-los a partir do controle remoto.

A obrigatoriedade de veiculação desses recursos, bem como sua frequência na programação começaram a ser tratados ainda no Governo Lula pela Portaria nº 310, de 27 de junho de 2006, e pela Portaria nº 188, de 24 de março de 2010. O motivo da alteração foi a polêmica em torno da implementação da audiodescrição, cuja produção era mais cara que a legenda oculta, o que levou ao estabelecimento de cronogramas diferenciados para ambos os recursos.

Desde 2006, aumentava, com o passar dos anos, o total de horas obrigatórias de inserção do recurso da legenda oculta pelas emissoras. Inicialmente, ela estaria presente em poucas horas pela manhã e à noite até chegar, em junho de 2017, a cobrir toda a programação. Em junho de 2012, esse recurso deveria ser utilizado em, pelo menos, doze horas diárias de programação. Para esse ano, nova portaria do ministério, de nº 312, de 26 de junho de 2012, conferiu uma alternativa às emissoras: ou elas veicularim as 12 horas diárias previstas inicialmente e fixadas em alguns períodos do dia; ou teriam que veicular 112 horas semanais – ou seja, média de 16 por dia -, mas poderiam incorporar o recurso a outros períodos do dia, como tarde e madrugada (limitada, nesse último caso, a 2 horas por dia).

O cronograma definido para a audiodescrição era bem mais elástico: em julho de 2013, a obrigação era de quatro horas semanais, número que chegaria a, pelo menos, vinte, em julho de 2020, última etapa do calendário. Já a janela de Libras era obrigatória na propaganda político-partidária e eleitoral, campanhas institucionais e informativos de utilidade pública.

Apesar da definição do calendário, persistiam os problemas, discutidos recorrentemente no âmbito do Conselho Nacional da Pessoa com Deficiência (Conade), vinculado à Secretaria de Direitos Humanos da Presidência da República (SDH) e, em 2012 e 2013, presidido por Antônio José, também secretário nacional de Promoção dos Direitos da Pessoa com Deficiência (SNPD), unidade daquela pasta. A secretaria e os membros do conselho destacavam, dentre as questões a serem resolvidas, o pequeno número de horas obrigatórias com audiodescrição na programação; o descumprimento do cronograma por algumas emissoras; a qualidade dos recursos veiculados, que apresentavam muitos erros; problemas no acionamento dos recursos nos aparelhos de TV, cujos controles remotos nem sempre evidenciavam o botão a ser acionado, dentre outros itens.

O enfrentamento do problema referente ao descumprimento do cronograma passava necessariamente pela ampliação da fiscalização pelo Ministério das Comunicações e pela Anatel, o que foi feito. De 2011 a junho de 2013, 29 emissoras e retransmissoras de TV, de sete UFs, foram sancionadas por descumprir as regras referentes à implementação dos recursos (MINISTÉRIO DAS COMUNICAÇÕES, 2013a).

A fiscalização, contudo, não seria suficiente para resolver todos os problemas. O avanço da acessibilidade na televisão brasileira dependeria da articulação de um sistema complexo, integrado por produtores de conteúdo, fabricantes de equipamentos, emissoras de radiodifusão e sociedade em geral. Nem sempre havia receptividade de todos os atores. Representantes do MC e da SNPD chegaram a discutir a possibilidade de financiamento do recurso de audiodescrição diretamente pelos grandes anunciantes nacionais, mas não houve grande receptividade à ideia.

As emissoras de radiodifusão argumentavam, ainda, que a mão-de-obra para a produção da audiodescrição era cara, escassa nas grandes e médias cidades e praticamente inexistente no interior do país. Fazia-se necessário estimular a formação desses profissionais, o que começou a ser tentado pela SNPD, em parceria com a Universidade Federal de Juiz de Fora (UFJF), por meio de um curso específico. Já a qualidade dos recursos implementados foi objeto de revisão das regras pertinentes pela Associação Brasileira de Normas Técnicas (ABNT), em processo participativo, com representantes dos setores envolvidos, que não terminou antes do fim do governo Dilma.

Futuro da televisão comercial

Há quem questione a viabilidade da televisão comercial no futuro próximo. Será ela substituída pela internet ou por outras plataformas e meios? Em 2016, a Pesquisa Brasileira de Mídia, de responsabilidade da Secretaria Especial de Comunicação Social da Casa Civil da Presidência da República (Secom/PR), questionou aos entrevistados qual meio mais utilizavam para se informar sobre o que acontecia no país. O gráfico a seguir apresenta o resultado.

Gráfico 1: Meios mais utilizados para buscar informações sobre o Brasil (%)

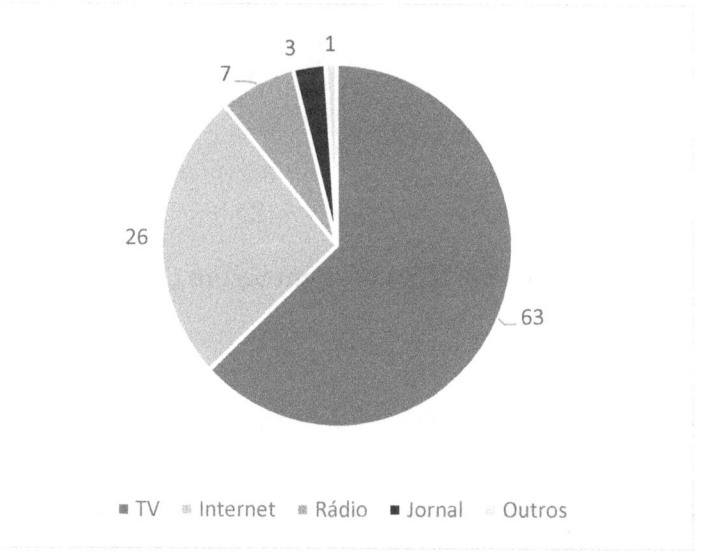

Fonte: Elaborado pelo autor, com base em Secom (2016)

Também foi questionado qual era o segundo meio utilizado por cada entrevistado. O resultado somado das respostas (1ª e 2ª menções) está representado no gráfico abaixo (os números superam 100%, já que foram contabilizadas as manifestações individuais):

Gráfico 2: Meios mais utilizados para buscar informações sobre o Brasil

(1ª e 2ª menções – em %)

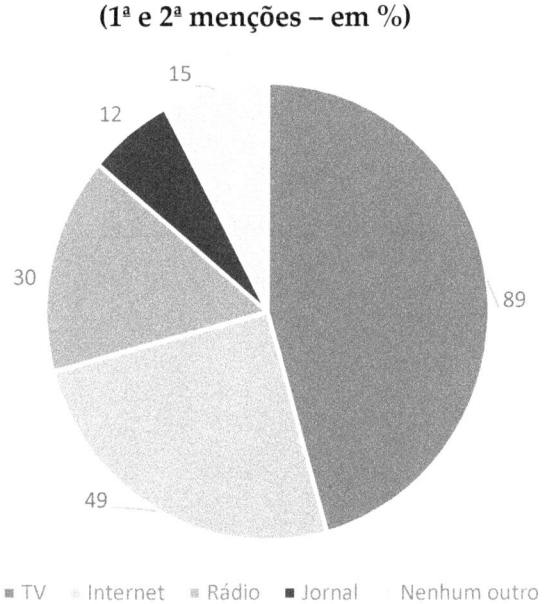

Fonte: Elaborado pelo autor, com base em Secom (2016)

Os dois gráficos refletem a liderança da televisão como meio mais utilizado para a obtenção de informações, com 63% das primeiras menções e 89%, se somadas as duas primeiras. A internet, segunda colocada, apresenta, respectivamente, os resultados de 26% e 49%. É certo que há uma tendência de ganho de importância da internet como plataforma de informação, porém seu avanço está condicionado a fatores como a ampliação do acesso à rede e a diminuição do custo para acessá-la. A tabela a seguir compara a frequência semanal do uso do meio TV, comparando-se os resultados obtidos nessa mesma pesquisa e em suas duas edições anteriores:

Tabela 18: Uso semanal do meio TV (%)

TV	PBM 2014	PBM 2015	PBM 2016
7x por semana	65	73	77
6x por semana	3	4	2
NUNCA	3	4	3

Fonte: Elaboração do autor, com base em Secom (2014; 2015; 2016)

Nota-se um aumento, de 2014 a 2016, da frequência de uso da TV, durante 6 ou 7 dias da semana, de 68% para 79% - ganho percentual de 11% e crescimento percentual de mais de 16%. Não é possível afirmar, com base nos dados, as razões desse aumento. Importa destacar, aqui nesta seção, a centralidade que a televisão tem na vida da sociedade, afirmando-se, ainda, como principal meio na busca de informações. Essa posição pode até vir a ser ameaçada, porém não há nenhum sinal de que este meio se tornará irrelevante em um horizonte próximo.

Algumas preocupações, porém, devem ser apontadas. O futuro da TV parece estar condicionado, no país, à transição da plataforma analógica para a digital. A cobertura e a situação econômica das emissoras depois desse processo ajudarão a definir a centralidade do meio e a capacidade de investimento na produção de novos conteúdos. Do ponto de vista regulatório, as maiores ameaças às empresas detentoras de outorgas de radiodifusão pareciam momentaneamente contidas no fim do governo Dilma: a entrada de novos atores economicamente fortes poderia abalar as empresas já existentes, mas esses não poderiam estar vinculados às prestadoras de serviços telecomunicações, nem poderiam ser controlados por entidades estrangeiras, em função da previsão constitucional de que, no mínimo, 70% do capital total e votante das empresas detentoras de outorga deveriam ser de brasileiros natos ou naturalizados há mais de dez anos. Ou seja: como é improvável o surgimento de um grande grupo nacional interessado em montar grandes redes nacionais de TV no presente, o cenário não tende a se alterar significativamente por entrada de atores externos.

Uma dúvida importante para o futuro diz respeito ao modelo de financiamento da radiodifusão. O mercado publicitário é limitado e parte dos recursos nele disponíveis tem sido deslocada para a Internet. No Brasil, atuam 16 redes nacionais. Ainda que um número considerável delas veicule programação majoritariamente religiosa, as demais dependem, em grande medida, de publicidade. Haverá recursos suficientes, no futuro, para financiar todas elas, além de outros meios e plataformas?

Por fim, cabe destacar o modelo de expansão da televisão comercial no país nos últimos anos. Os questionamentos do TCU sobre a metodologia utilizada para a precificação de novas outorgas causaram o adiamento de novas licitações de geradoras de TV e rádio. A expansão passou a ocorrer por meio de retransmissoras de TV, que, salvo na Amazônia Legal e em Fernando de Noronha, não podem inserir conteúdos locais. Assim, reproduzem apenas a programação de outros centros e isso fragiliza a identidade com a população local. A ausência de licitações fragiliza a ampliação do serviço, mas privilegia quem já opera no mercado e não é ameaçado por novos entrantes. Os efeitos disso são uma incógnita, entretanto é plausível supor que, no médio prazo, essa prática possa estagnar a criação de novos espaços para a veiculação de conteúdos locais, bem como aumentar a concentração econômica no setor.

Rádios comerciais: que rumo?

O ano de 2011 chegou com uma certeza para as emissoras comerciais de rádio – era preciso mudar. O meio rádio sofria com a divisão do bolo publicitário e não parecia ter perspectivas mais interessantes em relação ao seu faturamento. O problema estendia-se naturalmente às emissoras públicas e comunitárias, abordadas em outros capítulos deste livro. Por outro lado, a embrionária migração das programações rumo a Internet poderia abrir, em tese, novas perspectivas, quem sabe definitivas para a afirmação da chamada RadioWeb.

A mesma rede que acolhia o antigo meio representava, também, uma ameaça: a possibilidade, ainda não plenamente concretizada, de programação de listas de músicas diretamente pelos ouvintes poderia colocar o meio rádio em xeque. O precário nível de acesso à Internet no país, de novo, poderia ser um impeditivo a este novo modelo.

O meio rádio tinha um trunfo: ainda era o meio de comunicação de massa mais identificado com a comunicação local, considerado o mais próximo do seu usuário, capaz de prestar serviços e atender demandas de forma mais direcionada. No caso das emissoras comerciais, a vinculação a grandes grupos de mídia, quando existente, oferecia, ainda, vantagens competitivas relativas à definição da grade de programação e à montagem das equipes, dentre outras.

Às variáveis naquele cenário somam-se as incertezas, em 2011, quanto à regulação do setor. Esse tema já foi abordado no capítulo anterior, quando se tratou da televisão. Cabe frisar que, no meio rádio, a figura das redes nacionais é menos frequente e opera de forma diferente, existindo, porém, vinculação das emissoras também a grupos econômicos que estendem sua atuação a outros meios de comunicação. Ou seja, eventuais novas diretrizes para a regulação econômica poderiam, também, gerar implicações para as emissoras comerciais de rádio.

Era preciso mudar – mas como? Existiam poucos consensos aparentes. O primeiro era: a adaptação a novas plataformas e tecnologias não poderia levar o rádio a abandonar seu caráter local e, mais especificamente, sua (suposta) proximidade com o ouvinte. O segundo: a expansão não planejada do setor e das zonas urbanas do país ampliaram as interferências técnicas nos sinais das emissoras, o que levava a uma redução da cobertura real e a uma piora da qualidade do áudio, segundo a percepção do ouvinte. Os problemas eram menores na faixa de frequência modulada (FM), mas preocupavam as emissoras que atuavam na faixa destinada às ondas médias (OM, também conhecidas como emissoras em AM) e entre as poucas estações ainda em atuação por ondas curtas (OC) e tropicais (OT).

Havia algumas formas de enfrentar as dificuldades expostas. Em 2011, as emissoras comerciais ainda depositavam grande expectativa no rádio digital.

Rádio digital

Desde o primeiro governo Lula, o Brasil discutia a adoção de um padrão de rádio digital. A nova plataforma permitiria, em tese, a melhoria da qualidade do áudio percebida pelo ouvinte, além de algumas inovações, como a exibição, no painel dos aparelhos receptores, de informações sobre a previsão de tempo, condições do trânsito e notícias diversas. Do ponto de vista de planejamento do espectro, havia a perspectiva de multiprogramação e de eliminação ou redução da banda de guarda entre as frequências ocupadas, o que possibilitaria a veiculação de um maior número de programações simultaneamente. A melhoria da qualidade percebida despertava o interesse principalmente das emissoras que operavam em OM, OC e OT, já que eram constantes as reclamações sobre a dificuldade em ouvir, de forma nítida, programações transmitidas nessas faixas.

Inicialmente, a balança parecia pender para o padrão norte-americano HD Radio (também chamado, no noticiário da época, de IBOC, que era o método de transmissão, ou de Ibiquity, que era a empresa proprietária do padrão). Em 2006, emissoras testavam esse padrão de forma experimental e era esperada uma definição do MC a qualquer momento (MARINI; GÖRGEN, 2006). Em telegrama vazado anos depois pela Wikileaks, a embaixada norte-americana apontava que o ministro Hélio Costa teria confirmado a definição para breve, informação por ele desmentida (PERES, 2011). Sem testes oficiais do ministério e da Anatel e com dúvidas por parte das empresas, a decisão não se concretizou. Boatos sobre a iminente escolha voltaram a correr em vários momentos, principalmente às vésperas dos principais encontros organizados pelas emissoras comerciais.

Em 2009, na abertura do Congresso da Abert, o então ministro das Comunicações, Helio Costa, assinou aviso de chamamento público estabelecendo prazo de 180 dias para testes dos sistemas candidatos. O então presidente da Abert, Daniel Slaviero, afirmou durante o evento: "o rádio não pode mais permanecer como único meio analógico num mundo digital" (PERRONE; DONZELLI, 2009).

Até 2010, foram realizados os seguintes testes de rádio digital pelo governo federal:

Tabela 19: Testes de rádio digital realizados pelo governo federal (2010)

Município	Emissora	Período	Padrão
São Paulo	Cultura AM	Janeiro-Fevereiro de 2010	Sinal Analógico e DRM 30
São Paulo	CBN AM	Março de 2010	Sinal Analógico e DRM 30
Belo Horizonte	UFMG	Fevereiro-Março de 2010	Sinal Analógico e DRM +
Belo Horizonte	Itatiaia	Abril-Maio de 2010	Sinal Analógico e DRM +
Rio de Janeiro	Laboratório do Inmetro	Novembro-Dezembro de 2010	DRM+

Fonte: Ministério das Comunicações (2012)

Como o HD Radio já havia sido testado diretamente pelas emissoras comerciais, avaliou-se que os novos testes deveriam enfocar primeiramente a plataforma europeia DRM, fruto de um consórcio internacional. Em 2011, a nova gestão do Ministério das Comunicações optou por publicar novo edital, em junho, convocando todos os sistemas de rádio digital interessados em se submeter a novos testes. HD Radio e DRM foram os únicos a se candidatar.

Tabela 20: Testes de rádio digital feitos pelo governo federal (2012)

Município	Emissora	Período	Padrão
Belo Horizonte	UFMG	Abril-Maio de 2012	Sinal Analógico e HD FM
Belo Horizonte	Itatiaia	Abril de 2012	Sinal Analógico e HD FM
Brasília	Rádio Comunitária em Recanto das Emas	Abril-Junho de 2012	Sinal Analógico e HD FM
Brasília	Rádio Comunitária em Recanto das Emas	Junho-Julho de 2012	Sinal Analógico e DRM+
São Paulo	CBN AM	Junho-Julho de 2012	Sinal Analógico e HD AM
São Paulo	Cultura FM	Junho de 2012	Sinal Analógico e HD FM

Fonte: Ministério das Comunicações (2013b)

Ao todo, o governo federal realizou onze baterias de testes em sete emissoras distintas. Foram verificadas as condições de operação nas faixas de frequências designadas para OM e FM e, nesta última, sediaram os testes emissoras comerciais, educativas e comunitárias, de forma a envolver diferentes segmentos que seriam contemplados com a digitalização. À exceção de um teste realizado em laboratório, todos os outros compararam a cobertura da mesma emissora utilizando a transmissão analógica e cada um dos sistemas digitais testados. A tabela a seguir resume a ordem de realização dos testes.

Tabela 21: Testes comparados de rádio digital (2010-2012)

Município	Emissora	Sistema DRM	Sistema HD Radio
São Paulo	CBN AM	Março de 2010	Junho-Julho de 2012
Belo Horizonte	UFMG	Fevereiro-Março de 2010	Abril-Maio de 2012
Belo Horizonte	Itatiaia	Abril-Maio de 2010	Abril de 2012
Brasília	Rádio Comunitária do Recanto das Emas	Junho-Julho de 2012	Maio-Junho de 2012

Fonte: Ministério das Comunicações (2013b)

A formação de uma equipe designada para estudos técnicos, no âmbito da SCE, foi oficializada em 2007, por meio da Portaria nº 450, de 22 de junho, que criou o Grupo Permanente para Estudos Técnicos – GPET. A previsão dessa atividade, desde então e, até fevereiro de 2017, constou dos regimentos internos do ministério. Aos servidores do órgão somaram-se outros, provenientes da Anatel.

Os testes de rádio digital foram realizados diretamente pela equipe do Ministério das Comunicações, com a participação do Inmetro, da Anatel e da EBC. Em outra época, empreitada semelhante a esta demandaria a contratação de uma consultoria no setor privado, encarecendo consideravelmente o processo. A realização dos testes diretamente pelo setor público foi possível graças ao ingresso por concurso, nos anos anteriores, no ministério e em outros órgãos, de técnicos competentes e reconhecidos como tais por seus pares. Pelo ministério, a execução dos testes foi coordenada por Almir Pollig e, depois, Elza Fernandes e Flavio Lima (coordenador técnico) e envolveu diversos outros profissionais, dentre os quais Edilon dos Reis, Leticia Cardoso, Gilvandson Cavalcante e Edson Amaro.

Os resultados dos testes de rádio digital foram disponibilizados no site do Ministério das Comunicações para acesso de qualquer interessado, como fruto da política de transparência adotada. Além disso, foram apresentados em diversas audiências públicas no Congresso Nacional, em eventos organizados pelas entidades do setor e em reunião do Conselho Curador da EBC. Foram, ainda, discutidos no Conselho Consultivo de Rádio Digital, instância criada pelo MC pela Portaria nº 365, de 14 de agosto de 2012. O conselho era composto por representantes de 5 órgãos e entidades públicas, das comissões temáticas sobre comunicação da Câmara dos Deputados e do Senado Federal, das 7 entidades representativas nacionais de todos os segmentos do setor de radiodifusão e das 3 associações que representavam o setor industrial. As reuniões do conselho, ocorridas em 2012 e 2013, eram abertas à participação de todo e qualquer interessado, logo eram acompanhadas por representantes dos dois sistemas e por número maior de participantes que os listados.

Os resultados dos testes ficaram aquém do esperado. Em linha geral, a cobertura dos sinais digitais era bem inferior ao das transmissões analógicas de uma mesma emissora. Em outras palavras, o desligamento do sinal analógico, se mantidas as configurações dos testes, representaria a perda de ouvintes e a exclusão de parte da comunidade. Nas reuniões do conselho, houve consenso de que a garantia de uma cobertura igual ou superior pela plataforma digital seria necessária.

Por outro lado, foi verificada a diferença nas características técnicas entre os equipamentos emprestados pelos fabricantes, bem como nos parâmetros de transmissão estabelecidos. Também a distância entre os testes, em termos temporais, suscitou dúvidas. Assim, por acreditar que seria possível obter resultados melhores, o Conselho Consultivo de Rádio Digital recomendou a realização de novos testes com parâmetros técnicos mais rígidos, devendo ser observada a escolha de localidades que oferecessem desafios quanto à propagação dos sinais por suas características geográficas e pelo estágio de ocupação do espectro à época. Em suma, deveria ser mantida a escolha de emissoras de municípios grandes e médios, de forma a testar ao máximo a capacidade dos sistemas de atender as demandas brasileiras.

Havia, ainda, outras preocupações no horizonte. O desligamento do sinal analógico levaria forçosamente à troca dos aparelhos receptores existentes no país. A provável demanda daí advinda, aliada a uma política industrial de desoneração, poderia diminuir os custos de produção e o valor da venda dos novos equipamentos. No entanto, mesmo nos países onde o rádio digital já começava a ser implantado, os aparelhos receptores mais baratos custavam algumas dezenas de dólares. Não por acaso, os países vinham sucessivamente adiando suas datas de desligamento das transmissões analógicas. Apenas em janeiro de 2017 a Noruega viria a confirmar que estava, de fato, iniciando o processo de encerramento desses sinais.

Além disso, haveria um grande problema para a compra de novos equipamentos de transmissão pelas emissoras. Algumas das principais emissoras comerciais pertenciam a grupos econômicos já endividados com a digitalização de suas estações de TV. Outras, muitas das quais de médio e de pequeno porte, preocupavam-se igualmente com os custos. A maior preocupação, porém, era o destino das emissoras públicas. As educativas estavam, muitas vezes, vinculadas a governos estaduais e a instituições públicas de ensino, dependendo de orçamento público para quase todos os seus investimentos e custeio. E como demandar investimentos consistentes de rádios comunitárias, que não veiculavam publicidade, nem tinham à sua disposição recursos orçamentários de entidades públicas? Vale lembrar que, em 2016, existiam no país 4776 rádios comunitárias e pouco menos de 4500 emissoras comerciais operando nas faixas de FM e OM. Ou seja, mais da metade das emissoras de rádio do país corria o risco de extinção, caso não houvesse uma política consistente, provavelmente usando recursos públicos, para o financiamento desta migração.

Outra necessidade dizia respeito à política industrial que deveria ser formulada. O conselho constituíra comissões temáticas e uma delas tratava exatamente deste ponto.

No fim de 2012, ocorreu um movimento em rota oposta ao da discussão até então. A Comissão de Ciência e Tecnologia, Comunicação e Informática da Câmara dos Deputados (CCTCI) constituíra uma subcomissão para tratar exclusivamente do rádio digital. Em uma de suas últimas reuniões do ano, a subcomissão apresentou proposta de relatório de aprovação do sistema norte-americano. A medida gerou protestos de alguns deputados e, a pedido da deputada Luiza Erundina, foi convocada reunião para a manifestação de todos os segmentos em atuação no Conselho Consultivo de Rádio Digital. Representando o MC, voltei a apresentar os resultados dos testes realizados e a defender a impossibilidade de tomada de decisão naquele momento, sob pena de se arriscar o futuro do rádio no país. Seriam necessários novos testes. De forma semelhante se manifestaram outros representantes do Conselho Consultivo do Rádio Digital presentes no encontro. A decisão pleiteada no relatório da subcomissão não foi aprovada.

Enquanto isso, o conselho definia os parâmetros para os novos testes. Na faixa de OM, a emissora a ser testada deveria dispor de transmissor em estado sólido e largura de banda da antena adequada. A Rádio Nacional de Brasília, operada pela EBC, voluntariou-se a sediar o teste. Em FM, a emissora deveria estar localizada em município com espectro congestionado, deveria ter transmissor em estado sólido e utilizar a mesma antena do sinal analógico. A rádio comunitária que sediaria os testes deveria operar em município com geografia acidentada e estar localizada a cerca de 4 quilômetros de outra emissora comunitária em operação no mesmo canal para que fossem testadas eventuais interferências.

Foram verificadas as condições técnicas de diversas emissoras de rádio. No caso de rádios comerciais operando na faixa de FM, mais de dez delas não dispunham das características técnicas necessárias. Foram verificadas as condições, também, de mais de cem rádios comunitárias em São Paulo, Rio de Janeiro e Santa Catarina, que ou não dispunham das características técnicas necessárias ou não quiseram sediar os testes (MINISTÉRIO DAS COMUNICAÇÕES, 2013b).

Depois da divulgação dos resultados dos testes, percebia-se uma desmobilização do setor em relação à digitalização. Ainda que técnicos supusessem resultados melhores em uma nova bateria, os problemas de cobertura, financiamento da migração, custeio dos novos receptores e definição de uma política industrial consistente pareciam ser de difícil solução. Não por acaso, vinha sendo difícil encontrar emissoras interessadas até em sediar novos testes. Além disso, uma outra solução para problemas centrais das rádios comerciais começava a ser desenhada.

Migração AM/FM

As ondas médias foram responsáveis pela afirmação do rádio como meio de comunicação de massa mais universalizado em todo o país. Graças às emissoras em operação nessa faixa, artistas tornaram-se conhecidos; clubes de futebol, amados; e políticos, eleitos. Até o fim da década de 1970, a TV conseguia rivalizar com a chamada AM nos grandes e médios centros do país, mas ainda não tinha capilaridade suficiente para oferecer informação aos pequenos municípios e à área rural do país. Quando chegava em localidades com esse perfil, nem sempre seus habitantes dispunham dos aparelhos receptores. A importância da rádio AM refletia-se em números.

Gráfico 3: Emissoras OM no Brasil (1948-1985)

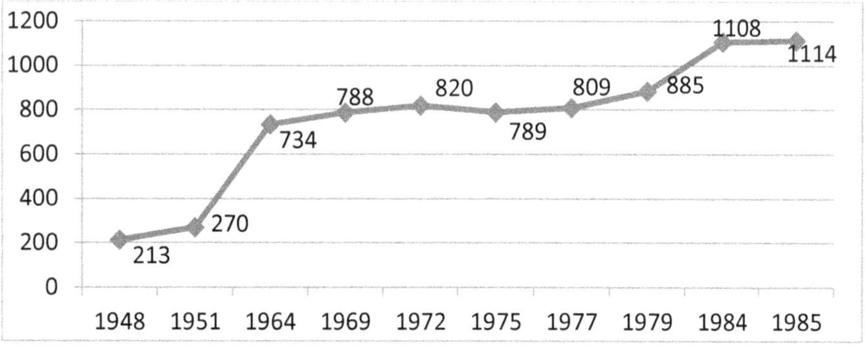

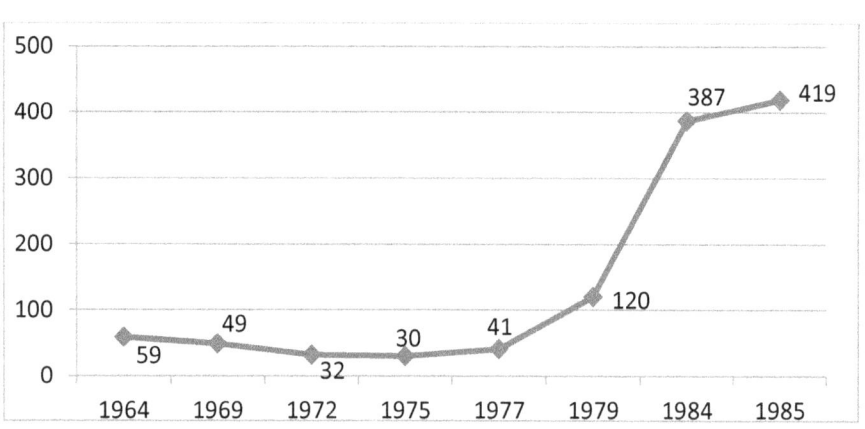

Fonte: PIERANTI (2011)

Em 37 anos, o total de emissoras OM no Brasil passara de 213 para 1114 – um crescimento de 423%. Desde o início da década de 1980, no entanto, as emissoras atuando nesta faixa começaram a enfrentar um novo concorrente – emissoras em operação na faixa de FM.

Gráfico 4: Emissoras FM no Brasil (1948-1985)

Fonte: PIERANTI (2011)

Bastaram oito anos para que as emissoras FM saltassem de 41 para 419 – um crescimento de 912%. A expansão rápida da nova faixa decorria, em parte, de medidas regulatórias específicas. Na década de 1970, o MC começou a dar preferência, para novas outorgas, a entidades que se comprometessem a instalar pelo menos cinco novas FM em diferentes municípios. Além disso, enlaces de FM eram os elos entre transmissores e estúdios de diversas emissoras que operavam em ondas médias. O ministério autorizou que cada um desses enlaces pudesse ser transformado em uma emissora FM, a critério das entidades detentoras das outorgas (PIERANTI, 2011).

Ainda que a política de fomento ao uso da faixa tenha ajudado, a afirmação da FM era tendência internacional por diversos motivos. A faixa de ondas médias cobria áreas maiores, porém era bem mais suscetível a interferências. Com o crescimento dos centros urbanos, a nova infraestrutura passou a contribuir para esse problema. A rede elétrica, computadores, roteadores e outros tornaram-se constantes ameaças. Para o ouvinte, a diferença na percepção de qualidade do áudio é evidente: o chiado das emissoras AM é bem mais constante.

Além disso, os equipamentos para a montagem dessas estações e seus custos de manutenção são consideravelmente mais altos, se comparados aos das emissoras FM. Como operam com potência bem mais alta, as emissoras em ondas médias também consomem mais energia, o que se reflete em contas mais caras.

Com o tempo, o público começou a identificar as emissoras FM como novidades, com uma programação mais jovem, com ares de vitalidade. Várias dessas emissoras passaram a se atrelar a movimentos culturais e tendências em ebulição, como o rock na década de 1980 e o funk na de 1990, dentre outros. Já a AM ficava marcada por seus programas longos, com músicas antigas, além das transmissões esportivas. Essa distinção logo se refletiria na publicidade, que migrava da faixa de OM para a de FM. Ou seja: as antigas emissoras, com operação mais cara, tinham, à sua disposição, um mercado publicitário que encolhia. E o cenário só piorava.

Em 2012 já existiam mais emissoras comerciais operando na faixa de FM que na de OM. Essas últimas reclamavam das péssimas e caras condições de atuação, não raro anunciando estar enfrentando sérios problemas financeiros. A maior cobertura, um diferencial teórico, também já não era a mesma, já que era minada pelas interferências cotidianas anteriormente descritas.

A aposta no rádio digital não dera certo. De 2006 a 2012 o governo federal não oficializara qualquer decisão, em parte pelas desconfianças técnicas sobre a nova plataforma. Os testes de 2012 apenas confirmaram a validade das preocupações sobre a cobertura. Ainda que fosse possível atingir um resultado diferente em nova bateria de testes, as emissoras comerciais pleiteavam uma outra alternativa – a migração de todas as interessadas para a faixa de FM. O ministério avaliou, então, que essa seria uma saída possível.

A oficialização desta passagem foi confirmada em ato realizado no Palácio do Planalto, em novembro de 2013, quando a Presidenta da República assinou decreto autorizando essa migração. O decreto nº 8.139, de 7 de novembro de 2013, publicado no dia seguinte, extinguia o serviço de ondas médias local, prestado por pouquíssimas emissoras, e previa a possibilidade de adaptação da outorga para FM desde que a entidade enviasse a solicitação ao ministério em até um ano; obtivesse a autorização do órgão para esse procedimento; e pagasse o valor devido.

Vale destacar imediatamente três desdobramentos do decreto. Ele previu critérios para a adaptação dessas outorgas em função de suas classes de operação. Resumidamente, emissoras OM com maior potência, a depender da frequência de operação, poderiam se transformar em emissoras FM de maior potência e assim sucessivamente. Ainda assim, a cobertura de uma emissora FM de alta potência é menor que a cobertura teórica de uma OM de alta potência, o que, em tese, excluiria ouvintes. Como a cobertura real de uma emissora em ondas médias deve ser verificada caso a caso, o total potencial de excluídos precisaria ser analisado segundo a mesma lógica, o que não foi feito. Mesmo as emissoras interessadas na migração não tornaram esse ponto uma polêmica.

O segundo desdobramento dizia respeito ao planejamento do espectro. Nos grandes e médios centros urbanos, as frequências já estavam ocupadas e não haveria como receber tantas novas emissoras. A solução consta do próprio decreto: o ministério poderia decidir-se pelo uso de uma faixa estendida, que viriam a ser os canais 5 e 6 utilizados pela televisão analógica. Ou seja: as emissões analógicas de TV deveriam ser desligadas nessas localidades para que fosse possível concluir a migração das emissoras AM. A partir de 2013, além das prestadoras de serviços de telecomunicações, também as emissoras de rádio passariam a desejar o rápido desligamento da TV analógica.

Por fim, o preço da migração. Cada emissora de ondas médias na migração deveria pagar o valor correspondente pelo uso da radiofrequência, a ser definido pela Anatel, e o valor da outorga de FM, em parcela única, que seria estipulado pelo ministério. Ainda segundo o decreto, esse valor seria a diferença entre os preços mínimos de outorga para os serviços de OM e FM, considerando o grupo de enquadramento arbitrado em função das potências e frequências de operação e a localidade. Ora, como arbitrar esse valor, se o Tribunal de Contas da União ainda não aprovara a metodologia para o cálculo do preço de novas outorgas de radiodifusão, conforme apresentado em capítulo anterior?

A Portaria nº 127, de 12 de março de 2014, definiu o rito do processo de migração. Seriam feitas sessões públicas, organizadas por estado, para o recebimento dos pleitos das emissoras. Recebidos os pedidos, a Anatel iniciaria o procedimento de replanejamento em cada município e, onde não houvesse viabilidade técnica até o desligamento da televisão analógica, os processos seriam sobrestados.

As sessões públicas para recebimento dos pedidos foram realizadas ainda nos primeiros meses de 2014. De um total de 1781 emissoras, 1386 solicitaram a migração – ou seja, uma resposta positiva de cerca de 78% (BRASIL, 2016). O cálculo do valor da outorga, no entanto, viria a ser o maior impeditivo: com base nas considerações feitas pelo TCU para novas outorgas, o MC definiu metodologia de cálculo para a migração no segundo semestre de 2015, por meio da Portaria nº 6.467, de 24 de novembro. O documento listava, ainda, o enquadramento das emissoras que pleiteavam a migração, considerando as regras previstas no decreto.

Em 18 de março de 2016, foi assinada a migração de uma emissora de Juazeiro do Norte (CE), a primeira do Brasil. Em maio, foi confirmada a migração de outras 53 emissoras. O ministério avaliava, então, que 948 emissoras já reuniam as condições técnicas necessárias para a migração, enquanto outras 438 deveriam aguardar a liberação da faixa estendida, possível depois do desligamento da TV analógica (BRASIL, 2016).

Futuro do rádio comercial

Em tempos de digitalização da TV e massificação da Internet, nem sempre fica clara a importância do rádio no país. A tabela abaixo, baseada na Pesquisa Brasileira de Mídia, ajuda a verificá-la.

Tabela 22: Uso semanal do meio rádio (%)

Rádio	PBM 2014	PBM 2015	PBM 2016
7x por semana	21	30	35
6x por semana	2	3	1
NUNCA	39	44	33

Fonte: Elaboração do autor, com base em Secom (2014; 2015; 2016)

De 2014 a 2016 saltou de 23% para 36% o total de entrevistados que utilizam o rádio mais de seis vezes por semana, ou seja, um crescimento de mais de 56%. No mesmo período o total de entrevistados que não usa esse meio caiu de 39% para 33%, depois de ter subido para 44% em 2015.

Uma pesquisa em pequenos e médios centros urbanos e na zona rural possivelmente encontraria resultados bem superiores. Nessas localidades, as redes nacionais de TV operam por meio de retransmissoras, não podendo inserir programações (salvo se estiverem situadas na Amazônia Legal ou em Fernando de Noronha). Ou seja: não transmitem as notícias da localidade, não discutem seus problemas, não prestam serviços aos seus habitantes. Também a Internet não desempenha esse papel. Cabe ao rádio desempenhá-lo.

A possibilidade de migração das emissoras AM para a faixa de FM e o grande número de emissoras comunitárias, que serão objeto de capítulo futuro, tendem a reforçar esse vínculo com as comunidades locais. Além disso, a migração confere às emissoras, em tese, um fôlego econômico para novos investimentos. Por outro lado, ainda não é clara a dimensão da exclusão ocasionada pela migração das emissoras. É certo que a cobertura delas, em diversos casos, será reduzida, porém não é claro se os residentes nas novas áreas descobertas terão acesso a outras emissoras de rádio ou de outros meios de comunicação de massa.

Por mais que tenha perdido importância no plano nacional, nos últimos anos, não se pode negar a relevância do meio rádio. Sua centralidade é maior no interior do país, onde nem sempre a população tem acesso a meios de comunicação diversificados. Assim, não há indício de sua substituição plena por qualquer outro meio.

Radiodifusão estatal e pública

A primeira dificuldade envolvendo a chamada "radiodifusão pública" é a sua definição. Essa questão não foi resolvida de 2005 a 2007, quando se intensificou o debate sobre o tema no I Fórum Nacional de TVs Públicas. À época, optou-se pelo reconhecimento político de um chamado "campo público", que envolveria representantes de ambos sistemas estatal e público, previstos na Constituição Federal de 1988, bem como canais que operavam de forma similar a esses sistemas, porém na TV a Cabo. Essa estratégia demonstrou ser agregadora, contribuindo para a construção da Empresa Brasil de Comunicação (EBC).

A distinção entre os dois sistemas constitucionais, porém, se faz necessária e, até 2016, não constava de nenhuma norma, ainda que tenha sido discutida no âmbito do Ministério das Comunicações. Basicamente, podem ser apontados três elementos centrais na determinação das diferenças entre eles.

O primeiro e mais evidente para o telespectador deve ser a programação veiculada. No sistema estatal, deve ser praticada uma comunicação institucional, de informação sobre os atos do Poder ao qual a emissora está vinculada, além da cobertura da atuação dos seus representantes. Do sistema público, no plano internacional, se espera uma programação independente, do ponto de vista editorial, capaz de analisar e criticar os atos do Poder ao qual está vinculado e não simplesmente aderir a suas posições, bem como não corroborar, de antemão, com as opções defendidas por grupos de interesse previamente concebidos.

Para garantir essa independência, deve ser radicalmente diferente a governança das emissoras. No sistema estatal, os dirigentes são indicados diretamente pelo chefe do Poder correspondente e podem ser substituídos a qualquer tempo. Não há, necessariamente, o estabelecimento de instâncias plurais de participação que atuem na elaboração das diretrizes de programação. Já no sistema público, justamente para garantir a atuação de forma independente, a literatura internacional valoriza a nomeação de dirigentes reconhecidos e apoiados por diferentes atores, bem como regras claras e objetivas referentes à sua possível destituição. Esses dirigentes não devem, portanto, ser demissíveis a qualquer tempo, por qualquer motivo, o que fragilizaria sua atuação de forma autônoma em relação ao Poder ao qual a emissora está vinculada. Além disso, emissoras integrantes do sistema público devem ser objeto de avaliação permanente e direta da sociedade, entendida de forma ampla e organizada em instâncias de participação com poderes legalmente definidos. Cabe a essas instâncias avaliar, por exemplo, se a programação está cumprindo com as funções inerentes à radiodifusão pública.

Por fim, um terceiro elemento diz respeito ao financiamento das emissoras. Aqui, vale lembrar que existem custos crescentes, já que as programações estão em fase de migração para plataformas digitais surgidas depois da criação do rádio e da televisão. O termo *Public Service Broadcasting (PSB)* tem dado lugar ao *Public Service Media (PSM)*, que representa esse novo momento. Como o tema deste livro são as políticas públicas de radiodifusão, o foco da análise continuará recaindo sobre essas emissoras, mas não se deve deixar de entender a composição deste campo como algo maior. No sistema estatal, é aceitável que o orçamento seja previsto e disponibilizado diretamente pelo poder público que controla a emissora. No sistema público, mais uma vez com o objetivo de afastar sua dependência do governo, a literatura internacional reforça a necessidade de constituição de uma cesta plural de mecanismos de financiamento. Existem três formas preponderantes neste caso.

A primeira é constituída de um imposto específico – *"licence fee"* é o termo comumente utilizado na literatura internacional -, cobrado de todos os cidadãos que, por exemplo, paguem contas de energia ou tenham aparelhos receptores de rádio ou de televisão. Como a radiodifusão pública é vista como um serviço público, todos devem ajudar a custeá-lo. Eventualmente o valor recolhido pode integrar um fundo a ser utilizado por diferentes meios públicos. No Brasil, não existe taxa com essa característica, mas é cobrada uma contribuição de prestadoras de serviços de telecomunicações e de emissoras de radiodifusão. A disponibilidade e o pagamento desta taxa, contudo, têm sido, até 2016, objeto de ação judicial que impede a plena utilização dos recursos.

A segunda é a publicidade comercial. Em grande parte dos países europeus, a principal emissora pública disputa verbas publicitárias como qualquer outra, eventualmente existindo limites mais rígidos para o total de tempo de veiculação permitida de publicidade. No Brasil, a legislação impede a veiculação de publicidade comercial em emissoras integrantes do sistema público, sendo eventualmente admitida a publicidade institucional, que não engloba preços e condições de pagamento.

Por fim, o terceiro elemento central é o orçamento público. Sobre este ponto, há divergência no contexto internacional. Por um lado, se uma emissora pública depender muito do orçamento público, não poderá correr o risco de vê-lo contingenciado, o que, em tese, implicaria, por medo dos seus dirigentes, em uma maior sujeição das suas atividades à pressão política. Por outro, o imposto cobrado dos cidadãos, no contexto europeu, não tem sido suficiente para cobrir os custos das emissoras públicas, além de ser observada a evasão de parte desses recursos por não pagamento. Assim, o orçamento público faz-se necessário para cobrir os gastos inerentes à operação das estações. A pressão política decorrente da sua incorporação como forma de financiamento pode, em tese, ser contida, se os mecanismos de governança das emissoras, mencionados anteriormente, forem sólidos.

Outros mecanismos de financiamento do sistema público são, por exemplo, a prestação de serviços, o licenciamento de produtos derivados dos seus programas e doações. Essas alternativas, porém, não costumam desempenhar papel preponderante no orçamento de todas as emissoras.

No Brasil, a distinção entre os dois sistemas já foi questionada. Não vejo qualquer ilegitimidade na constituição dos dois sistemas, já que ambos têm finalidades específicas e importantes no contexto democrático. Faz-se necessário, porém, distingui-los e defender suas diferenças. O mais tradicional, na história do país, é o sistema estatal, cuja concepção está entranhada no imaginário da sociedade. São raríssimos os momentos de tentativa real de implantação do sistema público nos contextos nacional e estadual. Mesmo assim, essas tentativas foram taxadas de TVs governamentais e seus mecanismos de governança e de financiamento causam estranheza em agentes públicos e na sociedade.

Por fim, uma breve nota: entendo que a radiodifusão comunitária compõe o sistema público de radiodifusão ou, pelo menos, o que dele se esperava no momento de aprovação da Constituição Federal. Por razão de melhor organização deste livro, no entanto, esse serviço será tratado no próximo capítulo, à parte das demais considerações sobre o sistema público de radiodifusão.

Uma rede para a União?

Desde a criação da EBC, em 2007, foi natural a preocupação com a constituição de uma grande rede capaz de envolver as emissoras vinculadas ao Poder Público. O diagnóstico era claro: a pulverização de consignações (assim são chamadas as emissoras vinculadas diretamente aos poderes Legislativo, Judiciário e à EBC) e de outorgas levou à montagem de infraestruturas sobrepostas, que consumiam recursos excessivos de forma desnecessária. Além disso, impediam a expansão planejada das operações, não contribuindo com uma melhor prestação dos serviços em todo o país. Por fim, como a migração para a plataforma de TV Digital forçava investimentos adicionais, chegou o momento de discutir os próximos passos.

De 2007 a 2011, a EBC coordenou diferentes projetos de instalação de um operador de rede nacional. A ideia central era a montagem de infraestrutura a ser compartilhada pelos diferentes canais públicos e que proporcionaria a expansão da rede de forma coordenada. Para isso, a operação caberia a uma empresa a ser contratada, que observaria as disposições apresentadas por esse condomínio de canais públicos.

Faz-se necessário avaliar algumas razões que levaram ao cancelamento deste projeto. O primeiro dizia respeito aos seus custos e tempo de execução. A contratação da empresa parceira ocorreria por vinte anos, em uma das versões do projeto, e os custos eram elevados.

Além disso, a coordenação de todos os atores envolvidos era muito difícil. Como estava prevista a possibilidade de adesão das emissoras educativas estaduais, vinculadas a governos distintos, o diálogo teria que ser construído com dirigentes indicados pelos mais diferentes partidos, nem sempre experientes no setor de radiodifusão e no comando de emissoras que contavam com orçamentos públicos praticamente como sua única fonte de renda. A incerteza sobre os conteúdos que estariam realmente disponíveis ajudava a fragilizar o modelo proposto de operador de rede.

Contribuiu, ainda, a falta de regulamentação de dispositivos referentes aos canais. Esse ponto será abordado na próxima seção. Por ora, cabe mencionar que, até 2011, os canais da Educação, da Cultura e da Cidadania não estavam regulamentados, logo não eram conhecidos os seus limites de operação. Também não existiam frequências alocadas para eles, o que impedia conhecer suas reais condições de expansão.

Por fim, parceiros importantes deixaram o projeto e optaram por seguir outros rumos. Esse foi o caso, por exemplo, da TV Câmara, que viria a formar, em parceria com a TV Senado, a Rede Legislativa. A rede adotou uma estratégia de expansão muito inteligente: a Câmara dos Deputados solicitava as consignações ao Ministério das Comunicações e por elas se responsabilizava, enquanto as câmaras de vereadores arcavam com os custos e com a operação da infraestrutura de transmissão. A multiprogramação do canal digital compreenderia uma faixa para a veiculação da programação da TV Câmara; outra para a assembleia legislativa; uma terceira para a câmara de vereadores; e uma quarta para a TV Senado, onde esta optasse por transmitir sua programação, o que ocorreu, inicialmente, nas capitais. A seguir, iniciou-se a formação da Rede Legislativa de rádio, envolvendo o compartilhamento de uma grade de programação – já que a plataforma analógica de rádio impede a veiculação de diferentes programações em um mesmo canal – por Câmara dos Deputados e câmaras de vereadores. Em 2016, a Câmara dos Deputados dispunha de 87 consignações.

Em 2012, a equipe do Ministério das Comunicações avaliou que era necessário discutir a expansão planejada dos canais vinculados ao poder público federal. Em reuniões com representantes da EBC, Câmara dos Deputados e Senado Federal, começou a ser levantada a infraestrutura existente no tocante aos parques de transmissão. Ou seja, começaram a ser estudadas as localizações das torres e, a seguir, deveria ser avaliada a possibilidade de incorporação de outros transmissores a elas, de forma a propiciar a expansão.

Esse novo desenho buscava não incorrer em problemas observados na discussão do projeto do operador de rede nacional. A complexidade da governança diminuía, já que, da primeira fase de levantamento, não participaram as emissoras educativas vinculadas a governos estaduais. Os custos também seriam reduzidos, porque o projeto partia da infraestrutura já existente, sem desprezar as estações já montadas e os equipamentos nelas existentes. Também não haveria necessidade de celebrar contratos muito extensos. Mesmo assim, o levantamento não foi além do mapeamento de características básicas inerentes às consignações, porque o estado de cada torre teria que ser verificado *in loco* em uma segunda fase. E, para essa atividade, não havia recursos naquele momento.

Além disso, havia o diagnóstico de que era necessário avançar na regulamentação das consignações da União. Por mais que essas emissoras fossem, na verdade, a operação direta pela União de serviços de radiodifusão (juridicamente a EBC era entendida como a representante do Poder Executivo para essa finalidade), havia pontos a serem tratados. Em 2011, o ministério regulamentou o uso do recurso da multiprogramação por consignações da União, por meio da Portaria nº 106, de 2 de março de 2012. Já a Portaria nº 4, de 17 de janeiro de 2014, regulamentou o rito para novas consignações. Previa a validade indeterminada dessas consignações, a responsabilidade do detentor da consignação pelos conteúdos veiculados em todas as faixas de programação, reconhecia a Rede Nacional de Comunicação Pública, já em fase de formação, à época, sob a coordenação da EBC, e reconhecia a possibilidade de operação da EBC em novas parcerias com outras entidades, desde que essas adotassem mecanismos de governança semelhantes aos existentes na empresa federal, como, por exemplo, um conselho curador e uma ouvidoria.

O rito célere dos processos de consignações permitiu uma rápida expansão da EBC e das emissoras da Câmara dos Deputados e do Senado Federal, conforme a tabela que segue.

Tabela 23: Consignações da União (abril de 2016)

Entidade	FM/OM	TV	RTV	Total
EBC	33	17	29	79
Câmara dos Deputados	23	62	2	87
Senado Federal	21	2	37	60
Total	77	81	68	226

Fonte: Ministério das Comunicações (2016e)

Às consignações acima devem ser acrescidas uma de geradora de TV em Brasília, uma de RTV em São Paulo e outra de FM em Brasília do Supremo Tribunal Federal (STF), cuja rede não se expandiu no período. O total de consignações realizadas antes de 2011 era praticamente igual ao número observado entre esse ano e 2016. As consignações da União estavam presentes, ainda, em todas as unidades da federação.

Tabela 24: Distribuição das consignações da União por UF (abril de 2016)

Estado	UF	Consignações			
		FM/OM	TV	RTV	Total
Acre	AC	2	1	2	5
Alagoas	AL	1	1	1	3
Amazonas	AM	8	1	8	17
Amapá	AP	3	1	1	5
Bahia	BA	2	1	3	6
Ceará	CE	1	1	2	4
Distrito Federal	DF	10	6	3	19
Espírito Santo	ES	0	1	1	2
Goiás	GO	0	1	1	2
Maranhão	MA	4	3	2	9
Mato Grosso	MT	3	3	2	8
Mato Grosso do Sul	MS	4	1	1	6
Minas Gerais	MG	5	9	3	17
Pará	PA	3	1	1	5
Paraíba	PB	1	2	3	6
Paraná	PR	3	2	1	6
Pernambuco	PE	1	1	2	4
Piauí	PI	3	1	1	5
Rio de Janeiro	RJ	6	3	10	19

Estado	UF	Consignações		
		FM/OM	TV	RTV	Total
Rio Grande do Norte	RN	2	1	3	6
Rio Grande do Sul	RS	2	2	5	9
Rondônia	RO	1	1	1	3
Roraima	RR	2	3	2	7
Santa Catarina	SC	1	2	4	7
São Paulo	SP	5	30	2	37
Sergipe	SE	2	1	1	4
Tocantins	TO	2	1	2	5
Total		72	81	68	226

Fonte: Ministério das Comunicações (2016e)

A estruturação da Rede Nacional de Comunicação Pública, que envolvia emissoras de fundações de direito privado e de entidades públicas vinculadas ao Poder Executivo das diferentes esferas, vinha sendo conduzida pela EBC, conforme sua obrigação legal. Historicamente, a antiga TVE do Rio de Janeiro e a TV Cultura de São Paulo alternavam-se como cabeças-de-rede das emissoras educativas vinculadas a governos estaduais. Essa alternância estava ligada à qualidade da programação de cada uma nas diferentes fases, bem como a injunções políticas. As redes funcionavam como estruturas verticais nos moldes das redes privadas, ou seja, grande parte da programação provinha da cabeça-de-rede e abria-se espaço para a veiculação de conteúdo local, a depender da capacidade de produção da emissora afiliada.

A partir da criação da EBC, a TV Brasil, emissora a ela vinculada, passou a atuar como a principal cabeça-de-rede. A regulamentação da nova rede de TV, desenvolvida em 2013, previa a operação em moldes similares, ou seja, contemplando janelas para a veiculação de conteúdos locais. Além disso, a empresa celebrou parcerias com emissoras vinculadas aos governos estaduais para aportar recursos em áreas como jornalismo, cujos conteúdos seriam utilizados por toda a rede. Já a regulamentação da rede nacional de emissoras de rádio era mais lenta, já que era mais difícil articular a centralidade da comunicação local, no meio rádio, com a demanda por conteúdos nacionais que dessem uma unidade à rede.

Ao longo desse processo, no entanto, a EBC enfrentou problemas que ampliaram as dificuldades no fortalecimento desta rede. Um deles dizia respeito à sua capacidade de investimento, conforme tabela que segue.

Tabela 25: Orçamento da Empresa Brasil de Comunicação - EBC (2007 a 2016)

(R$)	2007	2008	2009	2010	2011	2012	2013	2014	2015	2016
1) Orçamento LOA	156040170	323720716	290422280	453911395	471116957	416332681	533510760	538362975	627526080	657433054
1.1) Var. ano anterior (%)		107,46	-10,29	56,29	3,79	-11,63	28,15	0,91	16,56	4,77
2) Orçamento executado		259378380	383005483	471566261	424495347	455560734	482937855	535646005		
2.1) Orçam. executado (%)		80,12	131,88	103,89	90,1	109,42	90,52	99,5		
2.2) Var. ano anterior (%)			47,66	23,12	-9,98	7,32	6,01	10,91		
3) Pessoal e encargos	91954680	69917719	100543070	140138748	158331780	220449902	238283994	268663242	283669165	350114832
4) Investimento	10000000	104382941	111847704	109435587	93696953	29342328	58000000	18213000	26000000	31429128
4.1) Var. ano anterior (%)		943,83	7,15	-2,16	-14,38	-68,68	97,67	-68,6	42,76	20,88
4.2) Invest. executado		121970139	95216110	94534180	44457831	44215635	30387301	32713000		
4.3) Var. ano anterior (%)			-21,93	-0,72	-52,97	-0,54	-31,27	7,65		

Fonte: Elaboração do autor, com base nas Leis Orçamentárias Anuais do período.

O primeiro orçamento da EBC, de 2008, dobrou em relação ao último da Radiobrás, sua antecessora. Ao longo dos anos, o orçamento da empresa manteve uma tendência de crescimento. Nos anos em que houve queda do orçamento previsto na LOA, ocorreu suplementação, ou seja, os orçamentos foram complementados ao longo do ano. Isso pode ser verificado no item 2 da tabela, nos anos em que o orçamento executado foi superior ao inicialmente previsto.

Mais importante para esta análise é o item 4 da tabela, que relaciona os valores destinados a investimentos, ou seja, recursos não comprometidos com folha de pessoal, nem com o custeio das operações. Nos três primeiros anos de existência da EBC, ainda durante o governo Lula, esse valor sempre foi superior a R$100 milhões (valores não atualizados, conforme os demais constantes da tabela). Esses recursos possibilitaram, por exemplo, a montagem de novas estações, a atualização dos equipamentos e a modernização da infraestrutura como um todo. Em 2011, o valor caiu para pouco menos de R$100 milhões, mas o valor executado foi muito inferior, equivalente a menos da metade do total. O orçamento para 2012, o primeiro enviado já na gestão Dilma, previu recursos para investimentos na ordem de R$29 milhões, o que significava uma queda de mais de 68% em relação ao anterior. Até o orçamento de 2016, não foram previstos valores nem semelhantes aos existentes durante o governo Lula. O valor máximo previsto nos anos mais recentes, de R$58 milhões em 2013, era pouco superior à metade do orçamento para investimentos comum no início da existência da empresa – vale ressaltar que esses valores não foram atualizados, nem corrigidos. Por fim, o orçamento executado, sofreu queda constante de 2009 a 2013. Em 2014, os recursos executados com investimentos giraram em torno de R$32 milhões, o que equivalia a pouco mais de um terço do observado em 2009.

Essa é uma análise meramente quantitativa do orçamento e é certo que outros aspectos devem ser levados em consideração ao longo desse tempo para avaliar o desempenho da empresa. No entanto, os números evidenciam que, do ponto de vista orçamentário, a EBC deixou de receber, com o tempo, a mesma atenção que tinha em sua fase inicial.

Outra dificuldade enfrentada tinha natureza política. A primeira gestão da EBC, comandada por Tereza Cruvinel, precisou explicar ao país do que se tratava a empresa e a radiodifusão pública, alvo de constantes críticas e insinuações de que, na verdade, não passava do conjunto de antigas emissoras estatais sob nova roupagem. Para se contrapor a esse discurso, a EBC contou com o apoio de ministros envolvidos com o tema e defensores da necessidade da radiodifusão pública, como Franklin Martins, na Secom, e Juca Ferreira, na Cultura. Representantes do Conselho Curador, integrado majoritariamente por membros da sociedade civil, também se engajaram na defesa do projeto. Não bastassem todos eles, o então Presidente da República Lula reiterava costumeiramente, em eventos públicos, a importância de emissoras que não dissessem o que o governo pensava, nem tampouco reproduzissem formatos e ideias das emissoras privadas, e que deveriam primar por fomentar a capacidade crítica e a reflexão na sociedade.

Terminado o mandato de Tereza Cruvinel, em outubro de 2011, começou a gestão de Nelson Breve, que havia sido Secretário de Imprensa da Secom no governo anterior. A organização da empresa, do ponto de vista administrativo, e a elaboração de planejamento para os anos seguintes foram algumas das iniciativas buscadas por sua gestão, que terminou em julho de 2015, poucos meses antes do término do seu mandato, quando ele voltou à Secom. Em seu lugar, assumiu Américo Martins, que renunciou ao cargo pouco antes de completar seis meses. À época, diversos meios de comunicação (LIMA, 2016; MELO, 2016), alegaram que a saída poderia ter ocorrido em função de ingerências políticas do governo. Martins negou essa interpretação, ao comunicar oficialmente que sua saída ocorria por motivos pessoais (AGÊNCIA BRASIL, 2016). De fevereiro a maio de 2016, a EBC não teve diretor-presidente nomeado. Naquele mês, poucos dias antes de seu afastamento da Presidência da República, Dilma Rousseff nomeou Ricardo Melo, até então Diretor de Jornalismo, como o novo Diretor-Presidente da empresa. Melo seria afastado nos primeiros dias do novo governo, ainda interino, voltaria ao cargo por decisão liminar e, depois, voltaria a ser afastado como fruto de um conjunto maior de alterações na situação da EBC, tratadas posteriormente neste livro.

De 2007 a 2016, a EBC passou por uma primeira fase de estruturação, marcada pela necessidade diuturna de defesa do seu projeto por atores políticos relevantes; a seguir, por uma gestão com foco central na organização interna e no planejamento da empresa nos anos vindouros, já estando limitada por uma queda no seu orçamento; e, em uma terceira etapa, por instabilidade política, que abreviou qualquer possibilidade de consecução do planejamento que vinha sendo delineado. Ainda assim, nesse período, a empresa conseguiu implementar outro importante projeto de expansão da rede pública.

Canais do Poder Executivo

As emissoras e retransmissoras vinculadas a EBC e, antes dela, à Radiobrás e à Associação de Comunicação Educativa Roquette

Pinto (Acerp), sempre foram a face mais evidente das operações de televisão do Poder Executivo federal. Mais evidente, porém não a única: existiam e existem, ainda, os canais vinculados a universidades federais e institutos federais de ensino, tratados em seção futura deste capítulo, e um conjunto de canais que viriam a ser chamados de "canais do Poder Executivo".

O Canal Saúde nasceu como fruto do conceito abrangente de direito à Saúde colocado em prática pela Fundação Oswaldo Cruz (Fiocruz), vinculada ao Ministério da Saúde. A partir de 1994, em parceria com a ainda estatal Embratel, uma hora semanal de programação sobre políticas públicas de saúde passou a ser veiculada em circuito fechado, formando o embrião do que viria a ser o canal. Depois desse momento, a Fiocruz passou a veicular programas na TV Educativa do Rio de Janeiro e, a seguir, disponibilizou o canal via satélite para acesso por qualquer interessado, celebrou acordo para a disponibilização do canal nas sedes dos conselhos municipais de saúde, colocou o acervo já produzido na Internet e ofertou conteúdos a emissoras educativas, dentre outras ações. Em 2010, a Portaria nº 4.161 do Ministério da Saúde regulamentou o canal.

Na mesma década de 1990, mais precisamente em 1995, nasceu a TV Escola. Vinculada ao MEC, era operada pela Acerp. Voltava-se ao treinamento de professores, à promoção de debates relacionados a temas ligados à Educação e a tópicos abordados na estrutura curricular do ensino básico. O sinal era também distribuído via satélite para recepção por parabólica, bem como alguns de seus programas eram veiculados por emissoras parceiras.

A NBr, desde 1998, era o canal de comunicação institucional do Poder Executivo. Era um exemplo claro do que poderia ser chamado de "comunicação estatal". Realizou algumas coberturas importantes ao longo dos anos, principalmente quando chefes de

Estado brasileiros viajaram para países ou municípios com precárias condições de acesso a serviços de telecomunicações. Mesmo nessas situações, lá estava a NBr, garantindo a transmissão das informações e imagens para os meios de comunicação tradicionais que não conseguiam acompanhar as viagens. Desde a criação da EBC, o canal era operado pela empresa, por meio de um contrato de prestação de serviços com a Secretaria de Comunicação Social da Presidência da República. "Operar", nesse caso, não significava apenas colocar o canal no ar – essa, na verdade, era a parte fácil. A difícil era coordenar e implementar toda a logística envolvida no acompanhamento de um Presidente da República. Por vezes, ele ou ela realizava um evento em Brasília e visitava dois outros municípios no mesmo dia. Como não daria tempo de transportar e montar todo o equipamento de captação e transmissão, a solução era manter equipes simultâneas em campo. O canal era distribuído obrigatoriamente pelas prestadoras de TV por Assinatura, desde a lei nº 12.485, de 12 de setembro de 2011, o que já acontecia anteriormente pelas prestadoras de TV a Cabo, com amparo da lei n 8.977, de 6 de janeiro de 1995. Além disso, também podia ser visto pelos detentores de antenas parabólicas.

Não há dados precisos sobre o total de antenas parabólicas existentes no país, mas estimativas apontavam frequentemente que o número girava em torno de pouco mais de 20 milhões. A base da TV por Assinatura, reunindo todas as prestadoras, era de cerca de 18 milhões. Multiplicando-se esses dois números pela média nacional de residentes por domicílios e mesmo sem descontar eventual sobreposição de detentores de antena parabólica e assinantes de TV por Assinatura, verifica-se que Canal Saúde, NBr e TV Escola não estavam disponíveis para sequer metade da população brasileira. No início de 2015, havia um consenso entre os órgãos responsáveis por esses canais e o Ministério das Comunicações: chegara o momento de começar a transmitir todos eles de forma aberta, como programações típicas de radiodifusão, para que pudessem ser assistidos por todos os interessados.

Essa estratégia estava alinhada com as decisões sobre a implantação da TV Digital no Brasil. Desde 2006, o decreto n 5.820 previra a criação, na TV Digital, dos canais do Poder Executivo, da Educação, da Cultura e da Cidadania. Apenas o último estava regulamentado e deixara de ser vinculado ao Poder Executivo, tornando-se uma outorga, como será visto ainda neste capítulo. Pode-se dizer que o primeiro era a NBr, que ainda não era veiculada como canal de TV Digital. A TV Escola seria um embrião do segundo. Já o terceiro não se assemelhava a nenhum projeto em curso.

Alguns primeiros passos sobre esses canais foram dados desde 2013. Naquele ano, a equipe de testes do ministério, em parceria com a EBC, tentou aglutinar, em um mesmo canal digital, o maior número possível de programações. Até então, dizia-se que o sistema nipo-brasileiro permitiria, pelo recurso da multiprogramação, a transmissão de até quatro programações simultâneas autônomas entre si em um mesmo canal. Essa constatação baseava-se em testes realizados à época do processo de decisão sobre a plataforma de TV Digital que seria adotada. Eu duvidava dessa constatação: considerando-se os avanços tecnológicos em pouco menos de dez anos, não era possível que o limite fosse de *apenas* quatro programações. Os testes seguiram parâmetros técnicos além dos recomendados, de forma a simular problemas diversos. Assim, por exemplo, a emissora simulada utilizava equipamentos antigos, semelhantes aos de pequenas e médias estações, e o aparelho de TV usado para comparação das taxas de transmissão era maior que o constante das recomendações internacionais, o que possibilitaria uma percepção ainda mais clara de falhas no sinal recebido. Mesmo assim, confirmaram a possibilidade de transmissão simultânea de sete programações em definição padrão ou simultaneamente de uma em alta definição e de quatro em definição padrão, além de outras configurações possíveis. Os resultados foram apresentados aos representantes das emissoras públicas, em reunião em Brasília, e disponibilizados no site do ministério.

No ano seguinte, representantes do ministério chegaram a se reunir com integrantes do Ministério da Educação para discutir a regulamentação do novo Canal da Educação, que não chegou a ser publicada. Também foram realizadas conversas com a Fiocruz, quando representantes desta entidade manifestaram o interesse em veicular o Canal Saúde de forma aberta. Também desde o início daquele ano, a equipe de testes do ministério, em parceria com Inmetro, Anatel, EBC, TV Câmara, TV Senado e outras 14 entidades, dentre as quais as responsáveis por emissoras de TV e a indústria de equipamentos, realizou testes de transmissão do sinal digital na faixa de VHF Alto, no Gama-DF. À época, imaginava-se que essa faixa, que compreendia dos canais 7 a 13 da TV Analógica, também poderia ser utilizada para a transmissão digital, mas os testes não haviam sido realizados. Quando concluídos, verificou-se que as condições de operação eram ainda melhores que as imaginadas. Novamente, o teste foi realizado de forma aberta à participação de todo e qualquer interessado, bem como o relatório com o resultado ficou disponível no site do ministério.

O passo seguinte foi a Portaria nº 1.581, de 9 de abril de 2015. O documento reservava a faixa de VHF Alto para a TV Digital e, mais especificamente, para os canais da União constantes do decreto nº 5.820, nos municípios em que fosse impossível alocá-los em outras frequências. Ou seja: não faltaria espaço, na nova TV Digital, para os canais do Poder Executivo.

A seguir, iniciou-se a fase de regulamentação dos canais criados pelo decreto. A Portaria Interministerial nº 2.098, de 14 de maio de 2015, publicada no dia seguinte, de autoria conjunta dos ministérios das Comunicações e da Educação, e, a seguir, a Portaria nº 111, de 25 de fevereiro de 2016, de autoria do MEC, regulamentaram o Canal da Educação. As duas previam as funções do canal; seu compartilhamento entre faixas de programação destinadas, por exemplo, à educação básica e à educação superior; e mecanismos de governança e de participação social, como um conselho, câmaras técnicas e ouvidoria.

A regulamentação do Canal da Cultura seguiu procedimento um pouco diferente. A Portaria Interministerial nº 4.074, de 26 de agosto de 2015, de autoria dos ministérios das Comunicações e da Cultura, seguia os mesmos moldes do documento referente ao Canal da Educação. Não constavam dela, porém, as instâncias de participação social, que deveriam figurar na segunda portaria. Essa seria precedida de um grupo de trabalho do ministério da Cultura, coordenado por Póla Ribeiro, Secretário do Audiovisual, que definiria a forma de operação do canal. O grupo chegou a ser constituído e iniciou seus trabalhos, contando, inclusive, com propostas anteriormente formuladas no ministério. Desde a gestão de Gilberto Gil, no primeiro governo Lula, o ministério já havia elaborado pelo menos três projetos para o novo Canal da Cultura. Trabalhei, em 2010, em um deles.

Assim, já estava prevista e devidamente testada a faixa a ser usada na operação dos canais, bem como estava publicada a regulamentação necessária. Restava planejar o início das transmissões e seu cronograma de expansão. Esse projeto contou com o apoio, desde o início, do Secretário-Executivo do Ministério das Comunicações, Luiz Azevedo, sendo criados dois grupos de trabalho. Um debatia questões relacionadas à transmissão dos canais e era coordenado por mim; o outro, que tratava do compartilhamento de conteúdos, era coordenado por James Görgen. Desde o início, foi grande o apoio da Secretaria de Comunicação Eletrônica, por meio do seu secretário, Emiliano José, e do diretor, Adolpho Loyola. Equipe de servidores da secretaria, coordenada por Rodrigo Gebrim e formada por Edilon dos Reis e Gilvandson Cavalcante, foi responsável por estudos iniciais de planejamento técnico. Na Anatel, a equipe coordenada por Agostinho Linhares foi determinante para planejar as frequências que seriam utilizadas pelos novos canais.

A partir de maio de 2015, a equipe do ministério iniciou reuniões com representantes de todos os canais do Poder Executivo. Um projeto dessa envergadura envolve dezenas de profissionais, logo a lista que segue não é exaustiva. A NBr foi representada por Juliana Agatte e Érico da Silveira, da Secom; a TV Escola, por Marcos Toscano, do MEC, Caio Leboutte e Indira Amaral, da Acerp; o Canal Saúde, por Arlindo Fabio e Marcia Correa e Castro; e o futuro Canal da Cultura, por Sara Rocha, Alex de Oliveira e Lula Oliveira, do Ministério da Cultura, além do já citado secretário Póla Ribeiro. Na EBC, o projeto contou com o apoio de diversos dirigentes, dentre os quais os diretores-presidentes Nelson Breve e, depois, Américo Farias; da secretária-executiva, Regina Silvério; André Barbosa, Eduardo Bicudo, Klaus Dutra, Wender Souza, dentre tantos outros.

No dia 1º de setembro de 2015, os principais dirigentes dos ministérios das Comunicações, da Educação, da Cultura, da Saúde e da Secretaria de Comunicação Social, da EBC e da Fiocruz assinaram acordo de cooperação voltado à implantação dos canais digitais do Poder Executivo. Estava concretizado o principal movimento integrado do governo federal voltado à expansão da TV Pública desde a criação da EBC, em 2007.

O planejamento previa a entrada em operação dos canais ainda em 2015. Optou-se por começar por Brasília, Rio de Janeiro e São Paulo, municípios onde a EBC já dispunha de canais digitais em operação. Assim, por meio da multiprogramação e respaldados pelos testes realizados em 2013, NBr, TV Escola e Canal Saúde também poderiam veicular suas programações no mesmo canal da TV Brasil. A seguir, seriam contemplados os municípios de Porto Alegre e Belo Horizonte, onde a EBC também já dispunha de canais, e municípios com população superior a cem mil habitantes onde houvesse frequências disponíveis. O passo seguinte seria o início da operação nos municípios, segundo esse recorte populacional, onde fossem desligadas as transmissões analógicas. Assim, novos canais seriam liberados e poderiam ser utilizados no projeto.

Durante todo o segundo semestre, foram realizados estudos iniciais para a implantação dos canais. Essa dinâmica incluía a definição momentânea de veiculação de sinais nacionais, sem inserções locais; a verificação de possíveis parceiros na disponibilização de infraestrutura, como a Telebrás; a avaliação da implantação de redes de distribuição de conteúdos (CDN, na sigla em inglês) para facilitar o compartilhamento de material; e o início da catalogação dos acervos de programas disponíveis nos diferentes órgãos.

Em dezembro de 2015, a EBC começou a transmitir, além da TV Brasil, a NBr, a TV Escola e o Canal Saúde em Brasília. Em fevereiro de 2016, as programações entraram no ar no Rio de Janeiro e, em março, em São Paulo. O passo seguinte, de acordo com o projeto inicial, seria a chegada dos sinais em Belo Horizonte e Porto Alegre.

Radiodifusão educativa

O termo "televisão educativa" aparece, na legislação, em 1967. O decreto-lei nº 236, de 28 de fevereiro daquele ano e publicado no mesmo dia, previra a criação do serviço com o objetivo de divulgação de programas educacionais. À época, planos governamentais voltavam-se à "teleducação", semelhante ao que se chamaria, atualmente, de Educação à Distância, porém pela televisão. Desde a gênese do serviço, ficava impedida a veiculação de publicidade. Segundo o art. 14 do documento, poderiam executar o serviço a União, estados, municípios, universidades e fundações.

Até 2011, a outorga de emissoras educativas de TV ou de rádio sempre foi prática discricionária do Poder Executivo. Não havia norma formal para o rito do processo seletivo, nem tampouco critérios objetivos e perenes que orientassem a definição de quem viria a receber a outorga. Assim se dividiam as outorgas para execução do serviço de radiodifusão educativa no país até aquele ano:

Tabela 26: Outorgas de radiodifusão educativa (Até 2010)

Classificação	Total de outorgas	Percentual
Universidades públicas (e fundações de apoio)	35	6
Estados (administração direta e indireta)	32	5,5
Municípios (administração direta e indireta)	21	3,6
Universidades privadas (e fundações de apoio)	26	4,4
Fundações de direito privado	472	80,5
Total	586	100

Fonte: PIERANTI (2016)

Conforme mencionado em trabalho anterior (PIERANTI, 2016), esses números não incluem algumas outorgas que, mesmo vinculadas a governos estaduais, não foram expedidas como educativas. Esse era o caso, por exemplo, da Rádio Tabajara, do governo da Paraíba, e da Agência Goiana de Comunicação, vinculada ao governo de Goiás. Note-se que, até 2010, mais de 80% das outorgas existentes pertenciam a fundações de direito privado, ao passo que entes e entidades públicas detinham pouco mais de 15% das outorgas.

O cenário começou a mudar a partir de 2011, quando foi aprovada a primeira portaria responsável por disciplinar as concorrências para obtenção de novas emissoras educativas. Até 2016, o Ministério editou quatro portarias: nº 256, de 6 de julho de 2011, submetida anteriormente à Consulta Pública; nº 420, de 14 de setembro de 2011; nº 355, de 12 de julho de 2012; e nº 4.335, de 17 de setembro de 2015. Entre os critérios adotados para os casos de mais de um concorrente, todas as portarias previram a preferência de entes ou entidades de direito público, sendo previstos critérios de desempate no caso de participação de mais de um concorrente com esse perfil. Essa preferência tem amparo legal, conforme disposto no Código Brasileiro de Telecomunicações desde 1962.

Além desse ponto em comum, as portarias previram, ainda, as etapas das concorrências e a documentação a ser encaminhada; definiram os tipos de conteúdo que poderiam ser veiculados pelas emissoras; impediram o proselitismo na programação, estipularam que as concorrências seriam transparentes e acessíveis a qualquer cidadão, tal como previsto na Lei de Acesso à Informação (depois que ele foi editada); e a necessidade de estabelecimento de parceria formal entre as fundações de direito privado interessadas em obter outorga e instituições de ensino.

Conforme já exposto, a radiodifusão educativa foi objeto de Planos Nacionais de Outorga, orientados pelas portarias mencionadas anteriormente. A tabela a seguir expõe os resultados obtidos, considerando o perfil das entidades vencedoras de concorrências:

Tabela 27: Perfil das entidades vencedoras das concorrências
de radiodifusão educativa (de 2011 a 2016)

Classificação	Total de outorgas	Percentual
IES públicas (e fundações de apoio) e IFETs	59	62,8
Estados (administração direta e indireta)	4	4,2
Municípios (administração direta e indireta)	4	4,2
Universidades privadas (e fundações de apoio)	4	4,2
Fundações de direito privado	23	24,6
Total	94	100

Fonte: PIERANTI (2016)

Quando se compara esta tabela com a anterior, verifica-se que a definição de critérios, neste período, em consonância com a legislação vigente, ajudou a inverter o panorama da radiodifusão educativa. Se, anteriormente, 80,5% das outorgas eram detidas por fundações de direito privado, a nova metodologia levou à vitória, em concorrências, de entes e entidades públicas, bem como instituições de ensino, em 75% dos casos. Assim, a radiodifusão educativa passava a contemplar o público para o qual fora, de fato, criada – setor público e instituições de ensino.

Cabe ressaltar que a definição do vencedor em uma concorrência não implica necessariamente em outorga. A depender da portaria vigente à época, ainda existe o procedimento de análise do projeto técnico de engenharia, bem como uma série de atos formais a serem praticados pelas autoridades competentes, além da posterior aprovação da outorga no Congresso Nacional. Assim, os números desta tabela não devem ser confundidos com novas outorgas.

Canal da Cidadania

Além dos canais do Poder Executivo, da Educação e da Cultura, o decreto nº 5.820 previu, também, na nova TV Digital, o Canal da Cidadania. Seria um canal explorado diretamente pela União, para transmitir programações das comunidades locais e divulgar programação institucional dos poderes públicos nas esferas federal, estadual e municipal. Para viabilizar a programação, o ministério poderia celebrar os convênios necessários. Em 2010, a Portaria nº 189, de 24 de março de 2010 estabeleceu princípios para o canal e previu a existência de um conselho.

O conceito do canal, segundo sua formulação original, era muito bom. Associações comunitárias já podiam operar rádios, mas não produziam programação para a TV aberta. Depois da lei nº 8.977, que previu a obrigatoriedade de carregamento de um canal comunitário por município pelas prestadoras de TV a Cabo, a sociedade civil, em dezenas de municípios, já se organizara para produzir programações destinadas a ocupar esse novo espaço. Ou seja, em 2011, programação com as mesmas características da imaginada para o Canal da Cidadania estava sendo produzida. Além disso, o poder público municipal ainda não tinha seu espaço para veiculação de programação institucional. Por fim, os governos estaduais já dispunham das emissoras educativas, mas, desde a mobilização no Fórum Nacional de TVs Públicas e a criação da EBC, a perspectiva era adaptá-las às boas práticas da radiodifusão pública. O Canal da Cidadania seria uma alternativa para a veiculação da programação institucional dos governos estaduais.

Para a realidade de 2011, porém, a forma de operação desenhada para o canal, em 2006, era muito estranha. O primeiro problema era a falta de experiência do Ministério das Comunicações na operação de um canal de TV. Nos seus mais de quarenta anos de existência, o ministério jamais havia realizado atividade minimamente parecida. Os órgãos reguladores que o antecederam, tampouco. O ministério não contava com profissionais atuantes nas áreas de produção e de programação. Em suma, essa seria atividade totalmente atípica para o ministério e, considerando a agilidade necessária para uma emissora de TV, sua operação era incompatível com a natureza da administração direta. Vale lembrar, por exemplo, que a operação de TV Escola, Canal Saúde e NBr não era feita pelos ministérios por eles responsáveis.

O mecanismo imaginado para a viabilização dos conteúdos - os convênios - também não era adequado. Sua adoção envolveria uma rotina de elaboração e prestação de contas alheia às atividades do ministério relativas à radiodifusão.

Havia, ainda, a questão da responsabilização. O detentor da outorga – neste caso, da consignação – é o responsável editorial pela programação veiculada em uma emissora. Assim, o Ministro de Estado seria o responsável, por exemplo, pelos conteúdos produzidos por municípios do interior e por associações comunitárias.

Também mudara, nesse período, a conformação dos canais públicos. Como já exposto, o Poder Legislativo federal iniciara a formação do que viria a ser a Rede Legislativa. Para isso, contava com a atuação das câmaras de vereadores, logo o Canal da Cidadania provavelmente não teria a programação do Poder Legislativo estadual ou municipal. Também os Poderes na esfera federal já contavam com suas próprias estruturas de comunicação, com estratégias específicas de expansão, e não dependiam do novo canal.

Desde o início de 2011, a nova gestão avaliou que o Canal da Cidadania tinha grande potencial de democratização do segmento de televisão, porém seria necessário corrigir alguns problemas de origem. O mais evidente foi objeto de revisão com o decreto nº 7.670, de 16 de janeiro de 2012, publicado no dia seguinte. O canal passou a ser previsto como uma outorga para estados, municípios ou para o DF. Vale lembrar que esses entes, diferentemente das associações comunitárias, já eram reconhecidos pelo decreto-lei nº 236, de 28 de fevereiro de 1967, como aptos a prestar serviços de radiodifusão. Ao realizar as outorgas, o ministério deixaria, também, de ser o responsável pelas programações e pela operação do canal.

A partir da alteração do decreto, foi possível regulamentar o canal. Coordenei a elaboração desse documento desde o seu início. Ainda no primeiro semestre de 2012, a norma foi colocada em consulta pública aberta a todos os interessados. A Portaria nº 489, de 18 de dezembro de 2012, estabeleceu o rito de outorga e o modo de operação do Canal da Cidadania. Cada canal teria quatro faixas de programação, sendo uma destinada ao município, outra ao estado e duas a associações comunitárias, que deveriam ser abertas à participação de todo e qualquer interessado da comunidade.

Cada município teria direito a um Canal da Cidadania e o próprio município teria preferência na obtenção da outorga, mas, se não a solicitasse, o estado poderia fazê-lo. As associações comunitárias, depois de conferidas as outorgas ao Poder Público, seriam selecionadas pelo ministério, por meio de edital público, com regras definidas na portaria. As associações comunitárias que já fossem responsáveis por canais comunitários na TV por Assinatura receberiam pontos extras. Além desses, havia previsão de pontuação em função de manifestações de apoio de todas entidades sem fins de lucro sediadas no município. Ou seja: entidades representativas, tal como avaliadas por seus "pares", teriam maiores chances de obter a autorização para se responsabilizar pela nova programação.

O financiamento, como em tudo que envolvia a radiodifusão pública, era questão difícil de ser equacionada. Ainda que estivesse prevista a possibilidade de recursos advindos de publicidade institucional e de orçamento público, a publicidade comercial não seria permitida. Cada entidade arcaria com os custos de programação referentes à sua faixa, e o ente detentor da outorga se responsabilizaria pelos custos da infraestrutura de transmissão. Ainda assim, não poderia interferir na programação das demais faixas, devendo transmiti-la tal como recebida.

A norma original foi objeto de duas alterações importantes. A primeira foi a Portaria nº 57, de 13 de março de 2013, que permitiu que emissoras educativas vinculadas a governos estaduais solicitassem a adaptação de suas outorgas para o modelo de Canal da Cidadania. Neste caso, passariam a contar com cinco faixas: a que já transmitiam e as quatro previstas para o canal, já explicadas. A previsão de multiprogramação com cinco faixas gerou dúvidas quanto à sua execução. Esses questionamentos foram mais uma motivação para a realização do teste de multiprogramação descritos anteriormente. A apresentação dos seus resultados aos representantes das emissoras educativas demonstrou a viabilidade da adaptação. A segunda alteração importante foi realizada pela Portaria nº 6.413, de 2 de dezembro de 2015, que derrubou de nove para três o número de documentos necessários à instrução do processo de outorga do Canal da Cidadania.

Em alguns meses, o Canal da Cidadania passou a ser referência importante no diálogo com prefeituras e associações comunitárias. O tema foi abordado em audiências públicas na Câmara dos Deputados e no Senado Federal. Entidades promoveram eventos para discutir como seria a operação do canal em seus municípios, ou como forma de sensibilizar o Poder Público a solicitar outorgas. Surgiram cartilhas que visavam orientar os municípios sobre o canal e sobre como solicitar a outorga. Em maio de 2016, menos de cinco anos depois de publicada a regulamentação original, processos de outorga de 389 municípios tramitavam no ministério. A título de comparação, vale lembrar que, em 66 anos, de 1950 a 2016, menos de seiscentas geradoras de TV iniciaram sua operação no país.

Tabela 28: Solicitações de outorgas do Canal da Cidadania por UF

UF	Solicitações de outorgas
AL	2
AM	3
AP	1
BA	34
CE	14
DF	1
ES	4
GO	24
MA	11
MG	54
MS	5
MT	16

UF	Solicitações de outorgas
PA	22
PB	4
PE	20
PI	4
PR	14
RJ	22
RN	3
RO	2
RS	27
SC	19
SE	15
SP	64
TO	4

Fonte: MINISTÉRIO DAS COMUNICAÇÕES (2016f)

A primeira nova outorga do Canal da Cidadania foi conferida ao município de Uberlândia-MG em cerimônia realizada em dezembro de 2015. Mas o primeiro Canal da Cidadania é fruto de uma solicitação de adaptação pela emissora educativa vinculada ao governo estadual da Bahia, a TVE, mantida pelo Instituto de Radiodifusão Educativa do Estado da Bahia (Irdeb). Por determinação do seu então diretor, Póla Ribeiro, convicto da importância do novo canal, a entidade solicitou a adaptação ainda em 2013, o que foi autorizado pelo ministério em janeiro de 2014. Na sequência, o ministério publicou edital para selecionar as associações comunitárias responsáveis pelas faixas de programação e uma delas foi habilitada em 2016. A programação comunitária do novo canal entrou em operação em novembro do mesmo ano. O ministério publicou, ainda, em maio de 2016, um novo edital para selecionar outra entidade que seria responsável pela segunda faixa de programação.

De 2012 a 2016, analistas do ministério, como Pedro Luis Vianna e, depois, Mariana Nottini e Edilon dos Reis, foram importantes na regulamentação e no equacionamento das dúvidas referentes ao novo canal. A essa equipe somou-se a área da Anatel responsável pela inclusão de novos canais no plano básico, procedimento necessário para garantir a viabilidade técnica de novas estações de televisão.

O Canal da Cidadania é um excelente mecanismo para a ampliação do pluralismo na televisão brasileira. Assim como são legítimas a comunicação institucional de governos das diferentes esferas e a distribuição de programação das comunidades na TV por Assinatura e no rádio, também é necessária a transmissão desses conteúdos na televisão aberta. O futuro do canal, porém, está condicionado à situação financeira dos municípios e ao seu entendimento sobre a importância de políticas públicas de radiodifusão como elementos ligados ao fortalecimento da democracia e à construção da cidadania. A disputa por recursos já é uma batalha difícil, agravada em momentos de dificuldades orçamentárias de governos nas mais diferentes esferas, bem como em situações de crise econômica. Parece ser ainda mais complicado firmar a convicção de que políticas públicas neste setor, também no âmbito municipal, são cruciais.

O futuro do sistema público

Os rumos do sistema público de radiodifusão estão ligados, em primeiro lugar, à aceitação e à defesa deste conceito pela sociedade, o que somente ocorrerá se as emissoras que o integram forem relevantes para ela. A construção desta compreensão é processo difícil, já que a tradição do sistema estatal – "a TV do governo X" e "a rádio do governo Y" – é significativa na história do país. Uma dificuldade extra advém do tratamento que é dado pela mídia privada a essas emissoras: ora elas são tratadas como TV e rádio do governo, ora os canais estatais são mencionados como emissoras públicas.

Nem mesmo para os diferentes agentes públicos essa diferenciação é clara. Oito dias depois de assumir a Presidência da República, ainda de forma interina, Michel Temer exonerou o diretor-presidente da EBC, Ricardo Melo, e nomeou Laerte Rimoli para o cargo. Melo recorreu, o STF concedeu liminar e determinou sua volta à empresa. A seguir, enquanto ocupou o cargo por alguns dias, o presidente da Câmara dos Deputados, Rodrigo Maia, voltou a exonerá-lo, porém recuou cerca de doze horas depois do ocorrido. Melo só foi efetivamente destituído depois da publicação da MP nº 744, de 1º de setembro de 2016.

Antes de discuti-la, cabe destacar a importância do princípio do mandato fixo, amplamente aceito como essencial à natureza da radiodifusão pública. Como já se mencionou antes, esse instituto existe justamente para blindar o dirigente máximo das emissoras de ingerências políticas, preservando sua independência editorial. Melo fora nomeado pouco mais de dez dias antes e não pairava contra ele nenhuma moção de desconfiança do Conselho Curador, instrumento que poderia levar um diretor-presidente legalmente à demissão.

Exatamente um ano antes da elaboração da medida provisória, sete órgãos e entidades assinaram o acordo de cooperação que levaria à implantação dos canais do Poder Executivo. Era, como se ressaltou, a principal ação voltada à expansão da radiodifusão pública desde a criação da EBC. Em 2016, um ano depois, a Medida Provisória nº 744, editada no dia seguinte ao afastamento definitivo de Dilma Rousseff, evidenciou o que o novo governo esperava das emissoras vinculadas a EBC: foi extinta a previsão de um mandato fixo para o seu diretor-presidente, assim como se extinguiu, também, o Conselho Curador. Melo voltou a ser exonerado e Rimoli, nomeado como o novo diretor-presidente.

Em um só ato, apenas um dia depois de assumir em definitivo, o novo governo acabou com o mandato fixo e com a instância de controle social da empresa. Ao longo dos debates no Congresso Nacional, a situação foi levemente amenizada: foi criado um Comitê Editorial e de Programação, integrado por representantes indicados pela sociedade civil, mas com competências bem mais limitadas que as do Conselho Curador anterior. A nova instância pode propor o aumento de espaço na programação para pautas sobre o papel e a importância da mídia pública e formular mecanismos para aferir a audiência da EBC. A medida provisória foi convertida na lei nº 13.417, de 1º de março de 2017, sancionada com vetos às competências do comitê.

O novo governo extinguiu mecanismos intrinsecamente ligados à garantia de autonomia editorial da radiodifusão pública, que, por sua vez, são essenciais à sua própria natureza. O modelo não foi formalmente revisto, ou seja, não se eliminaram da lei as referências à radiodifusão pública, porém as medidas implementadas levam à sua evidente fragilização. Durante esse processo, não houve resistência maciça por parte da sociedade civil, havendo manifestações apenas de grupos organizados e da academia.

A troca de dirigentes pelo governo do momento é praxe nas emissoras estaduais, bem como era prática, também, nas federais antes da criação da EBC. Além de ser incompatível com a natureza da radiodifusão pública, essa tradição também é responsável por interromper planejamentos, abreviar estratégias de programação, prejudicar a articulação de uma possível rede pública e alçar, à posição de direção das emissoras, profissionais que nem sempre têm experiência na área. Nesse cenário, é impossível executar um planejamento de longo prazo, ainda que com correções no meio do caminho, como o formulado pela EBC de 2011 a 2015.

Mais uma vez, convém citar o exemplo europeu: a legislação de diferentes países prevê processos seletivos públicos, iniciados por editais abertos à participação de qualquer interessado, para a nomeação do dirigente máximo das emissoras públicas. Muitas vezes, são exigidos pré-requisitos como título de Mestre e experiência na gestão de emissoras por mais de cinco anos. As entrevistas com os candidatos são conduzidas publicamente, sendo, em alguns países, transmitidas pelas próprias emissoras. Não estou sugerindo a adoção exatamente desses pré-requisitos no contexto brasileiro, mas essa prática internacional demonstra a importância que se confere à radiodifusão pública europeia.

Outro fator decisivo para o futuro da radiodifusão pública será a solução dada à questão do seu financiamento. Como apresentado ao longo deste capítulo, o modelo brasileiro está fortemente amparado na aceitação do orçamento público como principal fonte de recursos. Trata-se de instrumento muito suscetível a injunções políticas e marcado pela instabilidade, já que muito condicionado à conjuntura econômica, à disputa por recursos na administração pública e às idiossincrasias do governo do momento. A incorporação da publicidade comercial como fonte de financiamento da radiodifusão pública esbarra na oposição das emissoras privadas. A cobrança de uma taxa dos cidadãos chegou a ser ventilada pelo então governador de São Paulo, Mario Covas, na década de 1990, em referência à TV Cultura do São Paulo. A simples ideia foi alvo de fortes críticas, como se o governo planejasse cobrar um novo imposto para financiar uma atividade que apenas beneficiaria a ele próprio – mais uma vez, transpareceu a confusão entre o sistema público e o sistema estatal.

Enquanto o sistema público depender, para o seu financiamento, majoritariamente de recursos provenientes do orçamento público, é improvável que consiga desempenhar, no Brasil, o papel de independência que dele se espera no plano internacional. Financiamento inconstante e condicionado a decisões de governos leva, como se procurou demonstrar, a uma dependência permanente do Poder Público. Essa dependência pode não ser formal, prevista em lei, mas é o caminho natural nesse cenário. E, se prevalece essa relação, sempre estará no horizonte da emissora pública a necessidade de se "cooperar" com o governo, de se adotar um comportamento "amistoso" em relação a ele. As aspas, por óbvio, refletem uma tendência a uma relação de subserviência, própria do sistema estatal. Se são suprimidos outros mecanismos de garantia de independência das emissoras, como o mandato fixo do seu presidente e as instâncias de controle social, essa relação deteriora-se ainda mais. A MP nº 744, convertida na lei nº 13.417/2017, traçou justamente este caminho, sendo necessário observar, ao longo dos próximos anos, como ela se refletirá nos esforços de afirmação do sistema público ainda em curso no país.

Radiodifusão comunitária

Ao criar o serviço de radiodifusão comunitária, a lei nº 9.612 de 1998 parece ter atendido dois objetivos contraditórios. O primeiro, contemplar a demanda de comunicadores comunitários, depois de intensa mobilização dos movimentos sociais e anos de discussão no Congresso Nacional. O segundo, a julgar por algumas características da lei, restringir, ao máximo, o avanço das rádios comunitárias. Assim, foi a lei "possível" em um contexto nacional marcado, à época, nos mais diferentes setores econômicos, por disputas intensas.

As emissoras autorizadas operam na faixa de FM, com potência baixa (até 25 Watts ERP) e altura do sistema irradiante limitada a 30 metros. É atribuído apenas um canal nacional para o serviço de radiodifusão comunitária e, em caso de inviabilidade técnica, um canal alternativo pode ser atribuído para a região específica. A depender do número de outorgas em cada região, a disponibilidade de apenas um canal pode implicar em interferências frequentes. O instrumento de outorga, diferentemente da permissão válida para as demais emissoras FM, é a autorização, em tese mais precário. Mais que isso, as emissoras não têm direito à proteção contra eventuais interferências. O decreto nº 2.615 de 1998, que regulamenta a lei, associou o conceito de "cobertura restrita" das emissoras, previsto na lei, a um raio de 1 quilômetro a partir do seu ponto de transmissão. Note-se que, em nenhum momento, esse documento disse que o sinal deveria ser interrompido ao fim deste raio, o que seria uma impropriedade gritante em termos técnicos. No entanto, como se verá adiante, esta interpretação foi feita, ainda que não de forma consensual por todos os envolvidos no tema. Do ponto de vista regulatório, esse conjunto de características condenou a radiodifusão comunitária a ser um serviço secundário e estabeleceu condições de operação bem piores que as oferecidas para serviços semelhantes, em outros países, até 2013:

Tabela 29: Legislação comparada sobre radiodifusão de baixa potência (2013)

	Brasil	EUA	Argentina
Regulamentação básica	Lei 9612/98, Decreto 2615/98	Seção 73.800 do CFR (Serviço de *Low Power FMs*)	Lei 26522/09
Entidade executante	Associações comunitárias ou fundações	Instituições de ensino sem fins de lucro, governos estaduais e municipais e organizações da sociedade civil comprometidas com a veiculação de programação não comercial	Organizações sociais sem fins de lucro
Prazo de outorga	10 anos	8 anos, com variações a depender do estado e em	10 anos

	Brasil	EUA	Argentina
		função do ano da outorga	
Reserva de canais para execução do serviço	Reservado apenas um canal em cada município	Sem limite por localidade	33% das frequências disponíveis são destinadas à execução de serviços de radiodifusão por entidades sem fins de lucro
Potência	25 Watts	10W (no mínimo 1) ou 100W (no mínimo 50)	Serviço não é condicionado à limitação geográfica prévia, logo não há uma potência máxima.
Cobertura	Cobertura restrita de 1 km, prevista em decreto	Contorno protegido de 3.2 km no primeiro caso e de 4.7 km no segundo	Serviço não é condicionado à limitação geográfica prévia.
Sede da entidade e	Devem estar situadas na	Entidades pleiteantes de	N/D

	Brasil	**EUA**	**Argentina**
residência dos dirigentes	área de prestação do serviço (1 km)	outorga têm que estar sediadas, pelo menos, a 16.1 km (50 principais mercados) ou a 32.1 km (demais mercados) da antena OU 75% dos seus diretores devem residir a essa mesma distância.	
Sustentabilidade	Emissoras podem veicular apenas mensagens de apoio cultural, ficando proibida publicidade de qualquer sorte.	Programas podem ser patrocinados, sendo possível mencionar, por exemplo, um produto que identifique o anunciante.	Emissoras comunitárias podem veicular publicidade como quaisquer outras. No caso do rádio, o limite é de 14 minutos por hora de programação.

	Brasil	EUA	Argentina
Transferência de outorgas	Proibida	Possível em condições específicas	Proibida

Fonte: Elaboração do autor, de acordo com a legislação citada.

Fixar essas características técnicas em lei significou relegar a radiodifusão comunitária a um segundo plano. Essa situação era e é única: no Brasil, em nenhum outro serviço de radiodifusão, potência máxima, altura do sistema irradiante, número de canais para operação e ausência de proteção contra interferências constam de leis. Essas regras, quando existem, constam de regulamentos técnicos. No caso da fixação de apenas um canal para a execução do serviço, sequer parece existir justificativa técnica: como sobram frequências livres na imensa maioria dos municípios de médio e pequeno porte do país, por que não poderiam ser usados mais canais? Esse conjunto de características restringe simultaneamente a implantação de novas rádios comunitárias e o alcance das existentes.

A lei é instrumento bem mais difícil de ser alterado, se comparado a regulamentos técnicos – e essa dificuldade aumenta no caso da lei de radiodifusão comunitária. Em janeiro de 2017, tramitavam na Câmara dos Deputados 46 projetos de lei para alterá-la, mas a base de dados compreendia 86 ao todo; já no Senado Federal, tramitavam 6 projetos. Mesmo com tanto interesse parlamentar pelo tema, a lei nº 9.612 só foi alterada duas vezes, em dezenove anos, sempre em relação a aspectos menores ou já garantidos pela Constituição Federal: uma, por medida provisória de 2001, época em que as medidas continuavam válidas permanentemente, salvo se fossem rejeitadas pelo Congresso Nacional; e, depois, por lei de 2002.

Apesar de todas as limitações, o novo serviço gerou interesse e cresceu rapidamente.

Gráfico 5: Novas outorgas de radiodifusão comunitária por ano (1999-2016)

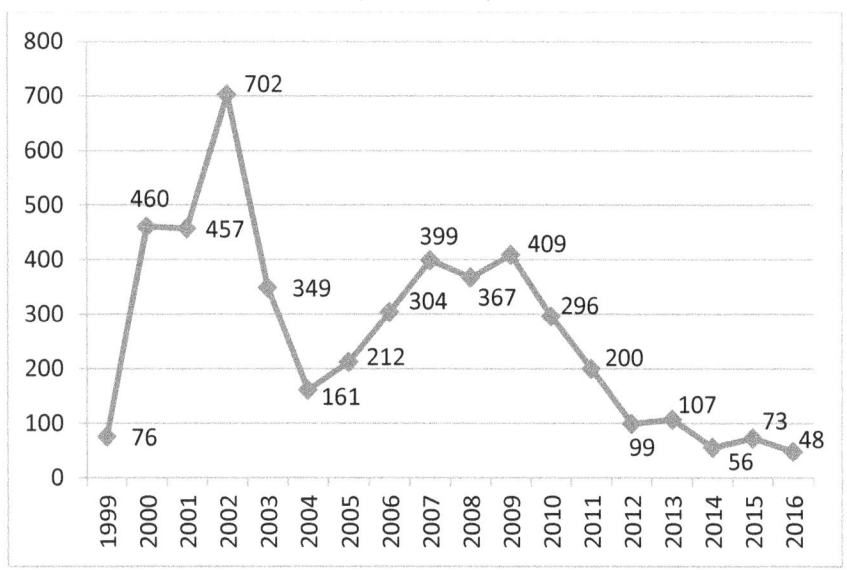

Fonte: Elaboração do autor, com base em Ministério das Comunicações (2016d)

O crescimento inicial do serviço pode ser atribuído a dois fatores principais. O primeiro foi o papel desempenhado pela rádio comunitária. Nos grandes municípios do país, onde o acesso da população a diferentes meios de comunicação e plataformas digitais é bem maior, nem sempre esse papel é claro. A realidade é distinta nos municípios médios e menores: onde muitas vezes sequer há interessados na instalação de novas emissoras comerciais ou educativas, são as rádios comunitárias as únicas responsáveis por veicular a informação local, promover o debate público e cumprir as finalidades constitucionais da radiodifusão. Além disso, independentemente do tamanho do município, essas emissoras costumam ser as mais enraizadas na comunidade em que operam, podendo dialogar diretamente sobre os problemas dela e prestar serviços de utilidade pública como, por exemplo, a busca por pessoas desaparecidas.

O segundo está relacionado a maior facilidade de se obterem outorgas. Nos primeiros quatro anos do serviço, foram distribuídas 1.695 outorgas, o equivalente a uma média de 423 por ano – ou 1,16 a cada dia, 1,62 a cada dia útil aproximadamente. O pico desse período foi o ano de 2002, quando foram outorgadas 702 autorizações – média de 1,92 por dia ou 2,69 por dia útil. Aquele foi um ano eleitoral, o que é um mau sinal, em se tratando de aumento significativo no número de outorgas de um serviço de radiodifusão. Além disso, a estrutura do ministério era consideravelmente pior que a atual, sendo o crônico problema de déficit de mão-de-obra ainda maior que o dos anos subsequentes. Para piorar a situação, as delegacias estaduais do ministério, onde também eram analisados novos pedidos de outorga, foram extintas no fim de 2002; seus servidores foram, em grande parte, cedidos; e os processos foram remetidos a Brasília. Ainda está pendente uma pesquisa sobre as razões que levaram àquele aumento de outorgas e sobre o desempenho daquelas emissoras e, mais especificamente, se elas, de fato, cumpriram as finalidades esperadas de uma rádio comunitária. Como era de se prever, o total de novas outorgas caiu drasticamente em 2003 e 2004, anos marcados por uma tentativa de reestruturação do ministério depois do fechamento das delegacias.

Um entendimento claro sobre as expectativas em relação a uma rádio comunitária viria a ser, justamente, um dos primeiros desafios a serem enfrentados, anos depois, no governo Dilma.

O que se espera de uma rádio comunitária?

Desde 1998, a lei nº 9.612 prevê, em seu art. 3º, finalidades socialmente relevantes à radiodifusão comunitária, como, por exemplo, colaborar na difusão de ideias, da cultura, tradições e hábitos sociais, estimular a formação da comunidade e o aperfeiçoamento profissional de jornalistas e radialistas e permitir a capacitação dos cidadãos para que possam se expressar da forma mais acessível possível. A seguir, o art. 4º consagra finalidades educativas, artísticas, culturais e informativas (tal como previsto na Constituição Federal), não discriminação, integração dos membros da comunidade, dentre outros. Os dois artigos reúnem, portanto, princípios que deveriam nortear todos os serviços de radiodifusão.

A lei prevê, também, alguns comandos bastante objetivos com o intuito de garantir a consecução dos dispositivos anteriores. São eles, inclusive, seus principais destaques positivos. O primeiro é o art. 4º, §1º, que previu explicitamente que "é vedado o proselitismo de qualquer natureza na programação das emissoras de radiodifusão comunitária". Depois, o §3º do mesmo artigo consagrou que "qualquer cidadão da comunidade beneficiada terá direito a emitir opiniões sobre quaisquer assuntos abordados na programação da emissora (...)". Por fim, o art. 11 definiu que "a entidade detentora de autorização para execução do Serviço de Radiodifusão Comunitária não poderá estabelecer ou manter vínculos que a subordinem ou a sujeitem à gerência, à administração, ao domínio, ao comando ou à orientação de qualquer outra entidade, mediante compromissos ou relações financeiras, religiosas, familiares, político-partidárias ou comerciais". A lei estabeleceu, ainda, a obrigatoriedade de constituição de um Conselho Comunitário, formado por representantes de entidades localizadas na área de prestação do serviço, com o intuito de acompanhar a programação da emissora.

O modelo que se depreende desses dispositivos é: a associação ou a fundação detentora da outorga deve manter uma emissora, cuja programação seja aberta à participação de todos os interessados, não podendo sujeitar-se ou subordinar-se a outra entidade. Não poderia, também, ser usada como meio de comunicação voltado à promoção pessoal ou à defesa de religião, partido ou corrente específico. Deveria ser representativa da comunidade e permeada por ela no seu dia-a-dia. A partir de 2011, esse entendimento tornou-se consenso interno, no Ministério das Comunicações, a ser refletido nos novos processos de outorga.

Deve-se distinguir, aqui, dois grupos de entidades. O primeiro já detinha outorgas e operava emissoras, quando da chegada da nova equipe ao ministério. Em eventos públicos ou em reuniões com diferentes interlocutores, a equipe do ministério recebia denúncias de que uma emissora seria mantida por uma igreja, outra seria um braço de um diretório municipal de um partido político e uma terceira seria controlada, na prática, por um "dono", que impediria a participação da comunidade. Nesses casos, a primeira orientação era pela formalização da denúncia, podendo o ministério preservar a identificação do denunciante, caso houvesse qualquer risco à sua segurança. Esses casos começaram a ser fiscalizados e, se confirmado o teor da denúncia, resultaram em sanção de multa. Caso a entidade não se adequasse e fosse verificada a reincidência, poderia ocorrer a revogação da portaria de autorização.

Além disso, o ministério passou a comunicar claramente esse entendimento. Em eventos públicos, a necessidade de independência das emissoras era reiterada e eram comunicados os caminhos institucionais para eventuais denúncias. Ainda em 2011, em parceria com a EBC, foi preparado e disponibilizado, no site do ministério, para download e veiculação por qualquer emissora interessada, um *spot* de rádio que esclarecia a natureza e o papel de uma rádio comunitária.

Apesar desse esforço, a simples verificação da base de dados de emissoras comunitárias, disponibilizada publicamente pelo MCTIC, apresenta indícios consideráveis de que vínculos ainda existem. Pelo menos dezessete entidades detentoras de outorgas incluem, em seus nomes, os termos "Deus", "Jesus", "evangélica", "católica", "shalom" ou "Filadélfia", que sugerem algum vínculo religioso (MINISTÉRIO DAS COMUNICAÇÕES, 2016d). Obviamente, apenas o nome das entidades não configura qualquer infração por si, devendo ser realizada verificação adicional sobre o tema.

O segundo grupo era composto de entidades que pleiteavam ou viriam a pleitear outorgas. Para enfrentar o problema e indeferir os pleitos de entidades que mantivessem vínculos de subordinação com outras (havendo obviamente a possibilidade de interposição de recursos, nos termos da Lei de Processo Administrativo), foi necessário rever o fluxo interno de análise de processos. Em resumo, deveriam ser verificados o estatuto e outros documentos integrantes do processo com o objetivo de se verificar qualquer indício desse tipo de vínculo. Essa mudança foi mais fácil que o esperado, já que a equipe de analistas, apesar de jovem, era extremamente competente e experiente, atuando nessa área há alguns anos. Tiveram papel importante nessa mudança as coordenadoras-gerais substitutas, Sibela Portella e, depois, Vilma Fanis.

Na análise dos avisos de habilitação, não era possível caracterizar proselitismo, já que as emissoras não estavam no ar e a programação, portanto, não existia. A análise dos documentos das concorrentes permitiu constatar situações de vínculo em vários casos, porém nem sempre essa era uma situação evidente. Muitas vezes, apenas a denúncia de outro concorrente ou da população levou a equipe a essa conclusão. Nesses casos, a participação da comunidade local foi determinante para garantir um rito de outorga mais rigoroso.

Por mais que a legislação fosse clara, era importante registrar o entendimento sobre vínculos na regulamentação expedida pelo Ministério das Comunicações. Havia uma dificuldade: apesar de tentativas anteriores, o órgão não havia editado nova regulamentação para o serviço desde 2004, ano de publicação da Norma nº 1. Com a convicção de que as regras precisavam ser revistas, a equipe elaborou minuta de nova norma, submetida à consulta pública ainda no primeiro semestre de 2011. Desse processo resultou, em outubro, a publicação da Portaria nº 462, de 14 de outubro de 2011, que aprovou a Norma nº 1 de 2011 e revogou sua antecessora. A Portaria nº 197, de 1º de julho de 2013, que viria a alterá-la, e a Portaria nº 4.334/2015, que revogou o documento de 2011, mantiveram o mesmo entendimento sobre a impossibilidade de vínculo por parte das entidades detentoras da outorga.

A Portaria nº 462/2011 foi além dessa questão, apresentando algumas inovações importantes: institucionalizou os Planos Nacionais de Outorgas, a partir da ideia de publicação de calendários periódicos; ampliou a transparência, prevendo a divulgação de listas com as entidades concorrentes em avisos de habilitação e dos processos em trâmite; determinou a abertura das entidades à participação e à associação de todos os interessados nas comunidades, que poderiam votar e ser votados; previu a necessária alternância de poder entre os dirigentes; extinguiu os abaixo-assinados, antes considerados documentos que atestavam a representatividade dos concorrentes; estabeleceu critérios para a renovação das outorgas; definiu a formação de redes em casos de calamidade pública, tal como previsto em lei; e apresentou um conceito de "apoio cultural", sobre o qual se comentará adiante.

Burocratizar para desburocratizar

Uma rápida análise das Portarias nº 462/2011 e nº 4334/2015, as duas que revisaram o rito de outorgas do serviço de radiodifusão comunitária durante o governo Dilma, evidencia algumas diferenças importantes. Uma delas diz respeito às exigências documentais: enquanto a primeira previa um amplo rol de informações a serem apresentadas pelas entidades concorrentes, a segunda tinha, como marca, a desburocratização. Ao divulgar a sua publicação, o próprio ministério realçou que passavam a ser necessários apenas sete documentos para a obtenção de uma outorga, diferentemente dos 33 anteriores.

Para entender essa mudança, é preciso refletir sobre os momentos em que ambas foram publicadas. Conforme o gráfico anterior, depois do pico de 2002, o número de novas outorgas por ano caiu de forma acentuada e, entre 2004 e 2007, cresceu de forma constante. A seguir, apresentou comportamento instável até 2010. A média de mais de uma nova outorga por dia, verificada entre 2007 e 2009, ainda era muito alta, considerando a realidade da então estrutura do ministério. Como analisado no capítulo sobre os Planos Nacionais de Outorgas, não havia nenhuma política pública explícita para a inclusão de municípios em avisos de habilitação. A lei previa (e ainda prevê) a necessária apresentação pelas entidades concorrentes de documentação desnecessária, como, por exemplo, uma declaração de conformidade com a legislação vigente. Como está prevista em lei, essa exigência não pode ser descartada por portaria. No ministério, o fluxo de tramitação dos processos não era preciso: o número de exigências feitas em cada um deles, os prazos conferidos, as formas de análises de denúncias, dentre outras, eram distintos. Fora dele, prevalecia a percepção de que a conclusão dos processos demorava demais.

O documento mais inapropriado era o famigerado abaixo-assinado. Como a lei previa apenas um canal por município para o serviço e potência máxima das emissoras de 25 Watts ERP, ministério e Anatel sempre entenderam por bem preservar uma distância mínima de 4km entre duas estações. Assim, conforme cálculo técnico da cobertura, as interferências entre as estações tendiam a ser minoradas ou a não existir. Entidades interessadas em montar estações com distância inferior a essa, portanto, concorriam entre si. Nesses casos, a lei estabeleceu que deveria ser tentado um acordo entre elas para execução conjunta do serviço e, não sendo possível, deveria sair vitoriosa a entidade com maior representatividade, "evidenciada por meio de manifestações de apoio encaminhadas por membros da comunidade a ser atendida e/ou por associações que a representem" (art. 9º, §5º).

O critério estava definido, mas não a forma de verificar o seu cumprimento. A Norma nº 1/2004 consagrou, então, a verificação da representatividade por abaixo-assinados, que deveriam reunir as manifestações e dados básicos dos membros da comunidade a ser coberta pela futura emissora. A ideia parecia boa, mas os abaixo-assinados eram alvos constantes de denúncias sobre possíveis falsificação de nomes e assinaturas, que, muitas vezes, atingiam todos os concorrentes de uma localidade. Outra denúncia frequente referia-se ao recolhimento de assinaturas em um local público e movimentado, sob o falso pretexto de que os signatários estariam colaborando com alguma causa social. Os signatários estariam sendo enganados. Em alguns casos, indícios de fraude eram claros até para não especialistas. Em outros, o número de supostas assinaturas superava a população total do município. Ainda que as assinaturas fossem verdadeiras – o que era incerto -, os apoiadores jamais seriam cobertos pela emissora.

Qual era a solução possível? Em um primeiro momento, já em 2011, mas ainda sob a vigência da Norma nº 1/2004, a coordenação-geral passou a exigir a comprovação das assinaturas constantes dos abaixo-assinados que pareciam inverossímeis. Foram enviados ofícios de exigência, solicitando cópia dos documentos das pessoas mencionadas e sua concordância em apoiar a emissora candidata. Ou não eram recebidas respostas das entidades (e sua pontuação, na concorrência, caía imediatamente para zero), ou era comprovado um número bem menor de assinaturas.

A Norma nº 1/2011, válida para os avisos de habilitação publicados a partir de novembro daquele ano, extinguiu os abaixo-assinados. A representatividade das entidades concorrentes passou a ser medida por manifestações individuais de entidades com natureza semelhante à da concorrente e, a seguir, manifestações de apoio, também individuais, de residentes na área a ser coberta pela emissora pretendida. Avaliou-se que a entidade mais representativa da comunidade seria reconhecida como tal por seus "pares", ou seja, por outras similares à futura detentora da outorga.

Quase quatro anos depois, em setembro de 2015, a Portaria nº 4334 foi aprovada em outro contexto. Planos Nacionais de Outorga estavam implantados; abaixo-assinados eram lembrança do passado; e o fluxo da tramitação dos novos processos de outorga já estava mais bem definido. Desde o primeiro semestre daquele ano, fora criado o Grupo de Trabalho de Desburocratização e Simplificação dos

Processos de Outorga e Pós-Outorga de Serviços de Radiodifusão (GTDS) com o objetivo de revisar para desburocratizar – como o próprio nome deixa claro - a regulamentação dos serviços de radiodifusão. Seu coordenador era Samir Nobre, também, à época, coordenador-geral de Radiodifusão Comunitária. Era o momento certo para desburocratizar o rito das outorgas de radiodifusão comunitária.

Um detalhe interessante: a burocratização do primeiro momento não significou maior demora na tramitação dos processos – pelo contrário, o estoque processual foi reduzido rapidamente. Em janeiro de 2011, tramitavam cerca de dois mil processos de outorga; em abril de 2012, por volta de 1.300; em setembro de 2015, menos de 400 processos de outorga de radiodifusão comunitária ainda estavam em análise (MINISTÉRIO DAS COMUNICAÇÕES, 2013c). Ao longo dos anos, milhares de novos processos foram incorporados à conta, fruto dos avisos de habilitação descritos no capítulo que tratou dos PNOs; mesmo assim, em quatro anos e meio, o estoque processual referente a outorgas diminuiu mais de 80%. Nesse período, a equipe de analistas não aumentou substancialmente.

A redução ocorreu graças a uma revisão do fluxo processual e estabelecimento de rotinas de controle interno. A análise inicial de todas as concorrências dos novos avisos de habilitação foi realizada simultaneamente, facilitando o acompanhamento da tramitação. Prazos foram seguidos à risca, gerando, por um lado, mais indeferimentos, mas, por outro, a possibilidade de vitória dos classificados na sequência. Concorrências não resolvidas há anos, normalmente fruto de disputas judiciais, foram monitoradas até que fosse possível concluir os processos na esfera administrativa. Instruído um processo, automaticamente os demais concorrentes eram indeferidos. Mutirões periódicos revisavam os processos físicos ainda pendentes de conclusão formal na coordenação-geral, de forma a se corrigir eventuais erros dos instrumentos de controle.

O caso de Uruaçu foi emblemático. Esse município goiano, com pouco menos de 40 mil habitantes, foi contemplado no Aviso de Habilitação nº 1, publicado em 1998. A concorrência não terminara e impedira o início da tramitação de outra concorrência no mesmo município, que voltou a ser contemplado em aviso de habilitação de 2009. Já que os concorrentes antigos tinham preferência, os novos deveriam aguardar a conclusão dos processos. Em 2011, a equipe verificou que já não havia mais motivos nem na esfera administrativa, nem na judicial que impedissem a conclusão da primeira concorrência. Isso foi feito, e a análise da segunda disputa pôde, enfim, começar.

Informações passaram a ser prestadas de maneira mais objetiva. Uma delas, pelo menos, contribuiu para medir adequadamente a celeridade da análise (ou a demora dela): até 2011, o ministério aproveitava, como embrião do processo de outorga, a manifestação de interesse de uma entidade. Assim, se a entidade manifestava interesse na outorga no ano "X", mas o aviso de habilitação só era publicado cinco anos depois, o processo só se iniciava, propriamente, no ano "X+5". No entanto, como o ministério aproveitava o processo iniciado no ano "X", atribuindo ao seu número os dígitos referentes a esse ano, aparentemente o processo de outorga era cinco anos mais velho que a realidade. A solução foi simples: registrar as manifestações de interesse, divulga-las e arquivá-las. Depois de publicado o aviso de habilitação, os processos de todos os concorrentes receberiam número compatível com o ano de sua publicação.

O equacionamento das rotinas internas do ministério não era suficiente, porém, para resolver todos os problemas da radiodifusão comunitária.

Criminalização

Movimento social e representantes de rádios comunitárias reclamavam permanentemente da "criminalização" do setor. Da forma como utilizado, esse termo, na verdade, tinha ao menos três sentidos.

O primeiro dizia respeito à percepção da sociedade sobre aquele serviço. Não é incomum ouvir, até hoje, a expressão "rádio pirata" como sinônimo de "rádio comunitária". Essa referência, totalmente imprópria, sugere que ambas são ilegais e clandestinas, devendo ser punidas, e remonta a um movimento crescente a partir da década de 1980: como não existia lei que regulamentasse o serviço, as chamadas "rádios livres comunitárias" ou "rádios livres" foram colocadas no ar sem qualquer autorização, ficando sujeitas ao lacre (PERUZZO, 2010). A confusão só aumenta, quando autoridades públicas e a própria mídia usam indistintamente os dois termos. Cabia ao ministério esclarecer a situação, sempre que possível: isso foi feito nas manifestações oficiais do órgão e no *spot* já mencionado.

Um segundo sentido está relacionado a uma suposta perseguição, pelo governo federal, das rádios autorizadas. Seus representantes argumentavam que não eram recebidos pelo poder público e que a fiscalização do setor de radiodifusão (e consequentes sanções) eram quase sempre dirigidas a este serviço (BREVE, 2006). Ambas as questões já foram tratadas neste livro, mas convém repetir as medidas adotadas a partir de 2011: o diálogo foi estabelecido, desde as primeiras semanas da nova gestão, e mantido ao longo do tempo e estabeleceu-se a meta de fiscalizar todas as geradoras de todos os serviços de radiodifusão em um quadriênio. A lista das sanções aplicadas também passou a ser divulgada no site do ministério.

O terceiro sentido estava relacionado, efetivamente, a um crime. O Código Penal já previa, no art. 151 do seu texto original, o crime de "violação de comunicação telegráfica, radioelétrica ou telefônica", com pena de detenção de um a três anos. O Código Brasileiro de Telecomunicações, a partir de 1962, estabeleceu novas condicionantes, mantendo a tipificação de crime anterior. O art. 183 da lei nº 9.472, de 16 de julho de 1997, mais conhecida como Lei Geral de Telecomunicações, previu o crime de "desenvolver clandestinamente atividades de telecomunicação". Como, desde a Emenda Constitucional nº 8, de 15 de agosto de 1995, estabeleceu-se longa polêmica sobre os limites entre radiodifusão e telecomunicações, o dispositivo da LGT vinha permitindo duplo entendimento no que se refere à sua aplicação também para rádios clandestinas.

É preciso abrir breves parênteses para tratar desta Emenda Constitucional. Para possibilitar a privação do Sistema Telebrás, foi necessário alterar a Constituição Federal, resultando em uma previsão, em alíneas diferentes, das formas de prestação dos serviços de radiodifusão e dos serviços de telecomunicações. Houve quem entendesse que a radiodifusão deixava de ser telecomunicações – isso, contudo, seria uma impropriedade técnica e mesmo jurídica, já que nem a Constituição Federal explicitou este entendimento, nem o Código Brasileiro de Telecomunicações deixaria de caracterizar a radiodifusão como um serviço de telecomunicações. Objetivamente, a legislação e a divisão de competências entre os órgãos passariam a prever, além da nova tipificação penal citada, o deslocamento das atividades de planejamento e gestão do espectro e da fiscalização técnica dos serviços de radiodifusão para a Anatel.

Assim, a tipificação do crime diz respeito às rádios clandestinas, e não às comunitárias, devidamente autorizadas pelo Poder Público. No entanto, o entendimento errado dessas expressões como sinônimos leva à conclusão falsa de que tudo é crime.

Responsáveis por rádios clandestinas flagradas em operação argumentavam, muitas vezes, que essa foi a saída encontrada, considerando-se a mora da administração pública na análise dos processos de outorga. Tratava-se de uma prática que viria a ser conhecida como "desobediência civil" (BREVE, 2006; PERUZZO, 2010). Esse argumento não era obviamente aceito pelo Poder Público: as rádios eram lacradas, os envolvidos passavam a responder a processo criminal e, como consequência de recomendação do Ministério Público Federal, realizada em 2010, os processos de outorga que as envolviam passaram a ser indeferidos.

Aqui vale discutir brevemente os prejuízos que podem ser causados por uma estação clandestina de qualquer serviço de telecomunicações (incluindo radiodifusão). O espectro de radiofrequências é entendido como bem público e escasso, já que as frequências não são infinitas. Justamente por isso é consenso que seu planejamento é necessário, cabendo a cada Estado nacional fazê-lo, no espaço de seu território, e cabendo a União Internacional de Telecomunicações (UIT), vinculada à Organização das Nações Unidas (ONU), como fruto das discussões de seus países-membros, definir diretrizes básicas aplicáveis no plano internacional. Em contextos nacionais, o planejamento do espectro segue orientações de cada país. Em cenários democráticos, está relacionado à ampliação do pluralismo e da competição entre os agentes públicos e privados, de forma a se atender o interesse público e direitos e necessidades diversas da população. O respeito às características técnicas definidas para o uso de cada frequência garante a operação dos diversos serviços sem que haja interferência prejudicial entre eles.

Interferências prejudiciais, portanto, são, em tese, possíveis entre quaisquer serviços, caso haja desrespeito à padronização técnica definida em nível nacional e, às vezes, internacional. Algumas características podem ampliar a possibilidade de interferência, como, por exemplo, a operação de duas estações em faixas de frequência contíguas, a proximidade física das estações e o uso de potência muito superior de uma delas, o que pode, a rigor, chegar ao extremo de não permitir que o sinal da estação de potência inferior seja captado por seu destinatário final. A faixa de FM – na qual operam diversas emissoras de rádio, incluindo as comunitárias – é próxima à utilizada pela comunicação aeronáutica. Não por acaso, o Poder Público cerca-se de cuidados extras em processos de outorga de emissoras de rádio (de qualquer serviço) pleiteadas para regiões próximas a aeroportos, exigindo documentos específicos de anuência das autoridades por eles responsáveis.

Não é raro ouvir, no Brasil, o discurso de que "rádio comunitária derruba avião". Trata-se de uma falácia por alguns motivos. Rádios comunitárias são autorizadas pelo Poder Público, que analisa previamente suas condições técnicas; assim, se elas observarem essas condições técnicas obrigatórias, não interferirão em outros serviços de forma prejudicial. Rádios clandestinas, pelas razões explicadas, oferecem risco maior de interferência; no entanto, se não dispõem de outorga, não são comunitárias, educativas ou comerciais – são apenas clandestinas. Não é, portanto, a natureza de sua programação ou a existência de instâncias de participação social na emissora que definirão a ocorrência de interferências.

Em 2011, a Secretaria de Assuntos Legislativos do Ministério da Justiça (SAL/MJ) estudava a descriminalização de assuntos, em diversas áreas, que poderiam ser resolvidos na esfera administrativa ou que simplesmente não demandavam mais tratamento por parte do Estado. Como pano de fundo da iniciativa, a convicção de que o Direito Penal não deveria ser o principal fundamento para coibir condutas indesejadas. A equipe da secretaria, na época formada por Marivaldo Pereira, Gabriel Sampaio, Guilherme de Almeida e Guilherme Moraes-Rego, dentre outros, defendia que a criminalização excessiva, prevista na legislação brasileira, gerara acúmulo desnecessário de processos no âmbito do Poder Judiciário e simultaneamente, em muitos casos, tinha implicações na esfera administrativa. Crimes com menor potencial de dano idealmente deveriam ser tratados apenas na esfera administrativa.

O Ministério das Comunicações concordava que esse deveria ser o caso de emissoras clandestinas de baixa potência e passou a defender que, estabelecida uma linha de corte baseada na potência, aquelas que estivessem abaixo poderiam ser lacradas; as entidades e pessoas físicas por elas responsáveis poderiam ser multadas e impedidas de concorrer em avisos de habilitação por um prazo a ser fixado. Essa situação poderia ser resolvida na esfera administrativa, sem necessidade de instauração de processo criminal e mobilização do Poder Judiciário, com todos os custos e recursos humanos que essa dinâmica envolve. No curto prazo, acreditava-se que o número de emissoras clandestinas seria menor, já que estava sendo implementada uma política pública de rápida expansão do serviço, via Planos Nacionais de Outorgas, e revisão da rotina administrativa do ministério visando conferir celeridade aos seus ritos. Chegou-se a discutir a manutenção da criminalização ou aplicação de sanções administrativas mais graves para as estações clandestinas localizadas nas imediações de aeroportos.

Essa posição não era totalmente nova. Em 2009, o governo federal já havia encaminhado ao Congresso Nacional projeto de lei objetivando a descriminalização da radiodifusão clandestina. A proposta ainda não havia sido analisada em caráter terminativo, tendo sido apensada a outros projetos. Em dezembro de 2011, em reunião pública convocada pelo então relator do PL nº 4.549/98, deputado Alessandro Molon, o ministério, ressaltando que, neste caso, contava com a concordância do Ministério da Justiça, defendeu a descriminalização de emissoras de baixa potência operando sem outorga, mantidas as sanções administrativas pelos motivos apresentados anteriormente. A posição gerou críticas dos representantes da Abert e da Anatel. O parecer sobre o PL não foi apresentado pelo relator até o fim de 2016.

De forma imprevista, o tema voltou a ser debatido pelo Poder Legislativo em 2012. A Medida Provisória nº 575 tratava de outro assunto, mas o relator optou por incluir no texto dispositivo que versava sobre a descriminalização. Coincidentemente, ocorria, na mesma época da tramitação, seminário promovido pela Associação Mundial de Rádios Comunitárias (Amarc), sendo que um dos seus debates ocorreu na Câmara dos Deputados. A tramitação da medida provisória e a inclusão da emenda sobre a descriminalização chegaram a ser debatidas. Na Câmara dos Deputados, a medida provisória foi aprovada, mas o Senado Federal rejeitou a emenda sobre a descriminalização. Como o texto foi modificado, a MP voltou à Câmara dos Deputados que, por fim, também rejeitou a emenda. Desde então, não houve alteração relevante no panorama desta discussão.

A "descriminalização", entendida de forma mais ampla, tal como abordada pelas entidades representativas da radiodifusão comunitária, passa, portanto, não apenas por uma mudança legislativa, mas também por uma cultural. A primeira, em um tema marcado por falta de consenso sobre qualquer alteração legislativa, já é difícil; a segunda, que passa pela derrubada de um discurso político, é ainda mais complicada.

Financiamento

Assim como nos outros serviços que poderiam ser chamados de integrantes do sistema público de radiodifusão, também na radiodifusão comunitária o tema do financiamento não está equacionado. Em capítulo anterior, falou-se no tripé do modelo de financiamento, composto por orçamento público, taxas pagas diretamente pela sociedade (redirecionadas ou não a fundos para aplicação direta dos recursos) e publicidade. Na imensa maioria das emissoras executantes de qualquer serviço de radiodifusão, um desses é o elemento central para garantir os recursos necessários à operação.

Na radiodifusão comunitária brasileira, não existe nenhum deles. Orçamentos públicos não fariam sentido, já que rádios comunitárias não são vinculadas ao Poder Público (pelo contrário, devem ser independentes em relação a ele, como já mencionado). Não existem taxas pagas diretamente pelo cidadão para financiar a radiodifusão pública no país. Por fim, a lei nº 9.612/98 admite o apoio cultural em rádios comunitárias e o decreto nº 2.615/98 veda a veiculação de publicidade comercial. Restou, portanto, a essas emissoras recorrer ao apoio cultural e às doações dos associados das entidades. Algumas outras fontes foram tentadas, como, por exemplo, a possibilidade de oferta de acesso à Internet também pelas entidades sem fins lucrativos (caso das associações comunitárias), a partir da publicação da Resolução da Anatel nº 617, de 19 de junho de 2013, que aprovou o Regulamento do Serviço Limitado Privado.

Ao longo do tempo, essas fontes revelaram-se insuficientes para manter as emissoras. Apesar da baixa potência, da estrutura mais simples de operação e de legalmente não poder visar lucro, uma rádio comunitária tem custos fixos como qualquer outro empreendimento. Deve ser vista, portanto, como possível geradora de empregos e de estímulo, em algum grau, à economia local. Na prática, porém, a realidade é mais complexa: várias são flagradas veiculando publicidade e são sancionadas; outras admitem "voluntários" não remunerados que, quando dispensados, muitas vezes ingressam com ação na Justiça com intuito de caracterizar vínculo trabalhista com a emissora e receber indenização compatível com a atividade desempenhada. Sem um modelo de financiamento que garanta a sustentabilidade das emissoras, não só seu papel de indutora da economia local não é observado, como também atividades básicas, inerentes ao seu dia-a-dia, não podem ser custeadas.

Até a Norma nº 1/2011, o conceito de "apoio cultural" não era definido na regulamentação, o que gerava insegurança jurídica para todos. A definição consagrada nesse texto admitia a divulgação de mensagens institucionais, bem como informações sobre a veiculação do nome, endereços físico e eletrônico e telefone do patrocinador. Vedava, porém, menções a quaisquer informações sobre bens e serviços, incluindo seus preços.

Essa definição desconsiderou a realidade de dificuldades no financiamento das emissoras e não buscou avançar na discussão sobre a sua sustentabilidade. A Portaria nº 197, de 1º de julho de 2013 (editada, portanto, pouco mais de um ano e meio depois da norma anterior), visava enfrentar este e outros problemas encontrados na Norma nº 1/2011. O novo documento estabelecia prazos para a renovação de outorgas; esclarecia o papel de referência teórica do raio de 1km, que poderia ser ultrapassado pelo sinal, a depender de características geográficas e urbanísticas da localidade; autorizava a Anatel a atribuir canal diferente em municípios vizinhos, observando-se a limitação de um canal exclusivo por município; previa que os dirigentes da entidade deveriam residir na área de cobertura da emissora; revia a lista de documentos a serem apresentados pelas entidades; tornava possível a apresentação de novos documentos em fase recursal por candidatas que não enfrentassem concorrentes; previa medidas mais severas contra entidades que apresentassem vínculos de subordinação com outras; e permitia a veiculação de mensagens de apoio cultural por entidades de direito público ou privado.

Essa última medida reiterava entendimento existente no ministério, pelo menos, desde 2011, quando a Consultoria Jurídica, por parecer, admitiu não haver vedação ao patrocínio de programas, via apoio cultural, pelo Poder Público. Mesmo que o parecer fosse público e tenha sido divulgado, governos municipais e estaduais encontravam dificuldades jurídicas internas para esse tipo de ação, ainda que tenham tomado a decisão política de realizá-la. Esse foi o caso, por exemplo, do governo do estado do Rio Grande do Sul. Assim, a previsão normativa, na esfera federal, era importante.

Poucos dias depois da publicação da portaria, a Abert ingressou com ação na Justiça visando a suspensão de três pontos da nova norma: a possibilidade de veiculação de apoio cultural de entidade de direito público; a atribuição de canais distintos em municípios vizinhos; e a previsão de que o sinal das emissoras comunitárias poderia extrapolar o raio de 1km, a depender das características técnicas da localidade, mesmo se respeitadas as condições da outorga. Inicialmente, a entidade teve sucesso no pleito referente aos dois primeiros itens, cuja suspensão, em caráter liminar, foi decidida pela Justiça (MASSARO, 2014). Mesmo assim, recorreu em relação ao ponto no qual não obteve sucesso, enquanto a União recorreu em relação aos outros dois. Em nova decisão liminar, o terceiro ponto da portaria objeto da contenda foi suspenso.

Ao revogar as duas normas anteriores, a Portaria nº 4.334 de 2015, em seu artigo 106, buscou uma nova abordagem para tratar o apoio cultural. Ela não o definiu, mas explicitou que ficava vedada a transmissão de propaganda ou publicidade comercial, sendo essas definidas como "a divulgação de preços e condições de pagamento". Dias depois de publicada a portaria, a Abert anunciou que ingressaria na Justiça contra essa definição.

Assim, financiamento da radiodifusão comunitária, a despeito de iniciativas normativas, é mais um tema que somente será equacionado com a mudança da legislação.

Futuro da radiodifusão comunitária

Com a publicação da Portaria nº 197/2013, comecei a avaliar – e repetir publicamente – que o ministério já tinha feito todo o possível, no plano interno, para melhorar as condições da radiodifusão comunitária no país. Em dois anos e meio de gestão, havia sido consolidada uma política pública de divulgação de calendários para os avisos de habilitação, com critérios claros para a inclusão de municípios; foram definidas regras objetivas e mais seguras para novas outorgas; o fluxo de tramitação dos processos passou por revisão e tornou-se mais eficiente; o grande estoque de processos estava sendo superado; o tratamento de novas concorrências era bem mais célere; foram esclarecidos pontos referentes ao apoio cultural e ao raio de cobertura, dentre outros; o ministério havia ampliado o debate com o setor, participado de diversos eventos e ações de capacitação. Por sua própria ação, ainda seria possível desburocratizar os processos, o que foi feito pela Portaria nº 4.334/2015.

Os problemas da radiodifusão comunitária, porém, estavam longe de serem resolvidos. Alguns avanços poderiam ser obtidos com a alteração do decreto nº 2.615/98 e, neste sentido, ela chegou a ser discutida no governo. No entanto, a mesma lei que apresenta pontos virtuosos, como a defesa da independência das rádios comunitárias, cria os principais obstáculos à exploração do serviço. Nela estão as características técnicas que confinam as emissoras a um raio de cobertura muito pequeno, mesmo quando não há qualquer outra emissora no município ou quando ele tem ampla extensão territorial. Dela também constam dispositivos que limitam as alternativas para a sustentabilidade das emissoras sem, contudo, apresentar um modelo factível que substitua as tradicionais fontes de renda de emissoras de radiodifusão.

Alguns caminhos foram tentados. A equipe do ministério participou de diversos debates sobre novos projetos de lei com o objetivo de solucionar esses problemas. Internamente chegou a ser discutida a apresentação de um novo projeto de lei, o que foi adiado em virtude da possibilidade de rediscussão de todo o marco regulatório da radiodifusão brasileira, como visto anteriormente. Não foram à frente nem mesmo alterações pontuais, nem sempre de iniciativa do governo federal, como, por exemplo, a emenda que tratou de descriminalização na Medida Provisória nº 575. Em um cenário de polarização entre rádios comunitárias e radiodifusão comercial, o debate tem sido travado e nenhum avanço é alcançado.

Cabe refletir, aqui, sobre o reduzido número de outorgas para novas rádios comunitárias nos últimos anos. Conforme o gráfico apresentado no início deste capítulo, de 2011 a 2016 foram autorizadas 583 novas emissoras – em média, 97,17 por ano. O ano com menor número de outorgas foi 2016, sendo que, no segundo semestre, foi autorizada apenas uma nova emissora. A pergunta central é: por quê?

Pelo menos dois possíveis motivos podem ser levantados. Em primeiro lugar, as exigências mais rígidas em termos de documentação e a observância mais rigorosa de prazos dificultaram a obtenção de outorgas. O primeiro ajuste feito para equilibrar essa situação foi a mudança promovida pela Portaria nº 197/2013, que reconheceu a possibilidade de apresentação de novos documentos em casos em que havia apenas um concorrente. A desburocratização promovida pela Portaria nº 4.334/2015 também deverá reduzir os indeferimentos causados por dificuldades no cumprimento das etapas processuais. Vale lembrar que as entidades que almejam montar uma rádio comunitária não dispõem de corpo técnico acostumado a lidar com o rito de um processo de outorga.

O segundo motivo é o desinteresse em novas autorizações. Quando se fez a discussão, anteriormente, dos Planos Nacionais de Outorgas, evidenciou-se a falta de interesse das entidades na criação de novas rádios comunitárias em diversos municípios brasileiros. Nesses casos, a burocracia não foi a principal culpada pelas concorrências frustradas: a despeito da publicação com antecedência das listas de municípios contemplados e da divulgação dos PNOs pelo ministério e por associações representativas das rádios comunitárias, não havia entidades interessadas em executar o serviço naquelas localidades.

Esse desinteresse pode decorrer de algumas razões que ainda carecem de comprovação: suficiente atendimento do município pelos meios de comunicação já existentes, falta de mobilização local de entidades da sociedade civil, pouca divulgação do aviso de habilitação para a localidade ou, ainda, indisposição das entidades para enfrentar uma legislação que não estimula o desenvolvimento da radiodifusão comunitária no país.

As dificuldades expostas neste capítulo levaram ao cenário traçado na tabela a seguir, que relaciona a população de cada município com o total de rádios comunitárias em funcionamento. Vale lembrar que quanto maior o indicador obtido, pior é a situação do serviço no estado. Em outras palavras, números altos evidenciam poucas emissoras, considerando-se o número de habitantes do estado.

Tabela 30: Relação entre a população do município e o total de rádios comunitárias

UF	Total de emissoras	% em relação ao total	População da UF	Relação população / emissoras
AC	5	0,1	816687	163337,40
RJ	130	2,72	16690709	128390,07
AM	42	0,88	4001667	95277,79
DF	34	0,71	2977216	87565,18
RR	6	0,13	514229	85704,83
SP	599	12,54	44846530	74869,00
PA	132	2,76	8272724	62672,15

UF	Total de emissoras	% em relação ao total	População da UF	Relação população / emissoras
SE	39	0,82	2265779	58096,90
ES	71	1,49	3973697	55967,56
PE	199	4,17	9410336	47288,12
AL	72	1,51	3358963	46652,26
BA	350	7,33	15276566	43647,33
RO	43	0,9	1787279	41564,63
AP	19	0,4	782295	41173,42
MA	173	3,62	6954036	40196,74
CE	237	4,96	8980879	37894,00
PR	323	6,76	11242720	34807,18
MT	100	2,09	3305531	33055,31
PI	101	2,12	3212180	31803,76
SC	220	4,61	6910553	31411,60
MS	89	1,86	2682386	30139,17
GO	224	4,69	6695855	29892,21
MG	768	16,08	21024678	27375,88
RS	414	8,67	11286500	27262,08
RN	134	2,81	3474998	25932,82
PB	159	3,33	3999415	25153,55
TO	92	1,93	1523902	16564,15

Fonte: Elaboração do autor

Dentre as sete UFs com pior indicador população/emissoras, duas (SP e RJ) são unidades que figuram entre as três com maior número de habitantes no país. A extensão territorial de uma (DF) é pequena, havendo pouco espaço para a instalação de novas emissoras, tendo em vista as limitações técnicas já expostas. Outras quatro (AC, AM, RR e PA) estão na região Norte, onde o acesso a serviços públicos é historicamente mais difícil. Por um lado, estados com grande concentração populacional parecem não dispor de número compatível de rádios comunitárias, porém seus habitantes têm acesso a número elevado de outros meios de comunicação (que normalmente não desempenham papel semelhante ao dessas emissoras). Por outro, estados onde o acesso à comunicação é ainda mais difícil também carecem de emissoras comunitárias, que têm, como uma de suas funções, a prestação de serviços de utilidade pública.

O desenvolvimento da radiodifusão comunitária não está relacionado apenas à oferta, pelo Poder Público, de novas oportunidades para a prestação do serviço. Depende primordialmente da solução de antigos problemas relatados ao longo deste capítulo – e, para isso, a mudança da lei é necessária.

Epílogo

No domingo, dia 17 de abril de 2016, a Câmara dos Deputados autorizou a instauração do processo de impeachment da Presidenta Dilma Rousseff. A partir dali, começou a contar o prazo para a interrupção, inicialmente temporária, do governo, já que era muito provável a determinação do afastamento da Presidenta no Senado Federal, por maioria simples dos senadores. De fato, isso ocorreu no dia 12 de maio, quando começou, ainda interinamente, o novo governo. Uma das ações imediatamente anunciadas foi a fusão dos ministérios das Comunicações e de Ciência, Tecnologia e Inovação em um novo Ministério da Ciência, Tecnologia, Inovações e Comunicações, cujo primeiro titular foi Gilberto Kassab, ex-ministro das Cidades no governo anterior. A efetivação do governo interino ocorreu no dia 31 de agosto, quando o Senado Federal aprovou o impeachment da Presidenta, abreviando a sua gestão.

Em 1º de setembro, dia seguinte à efetivação do novo governo, foi editada a Medida Provisória nº 744, que extinguiu o Conselho Curador da EBC e a previsão de mandato fixo do seu Diretor-Presidente. O contexto de sua publicação já foi abordado neste livro. Aqui, vale retomar que a nova medida marca a ruptura com princípios essenciais à radiodifusão pública, como a afirmação de instâncias de controle social e as restrições à demissão dos seus dirigentes, antes do fim dos mandatos, salvo por razões previstas em lei. Ambos são elementos centrais na garantia da independência editorial da radiodifusão pública.

Pelo menos até junho de 2017, não foram publicados os editais para novas emissoras de radiodifusão educativa e comunitária, previstos em Planos Nacionais de Outorgas. Além disso, a Medida

Provisória nº 747/2016, convertida na Lei nº 13.424/2017, anistiou todas as entidades atuantes no setor de radiodifusão que tinham perdido seus prazos para renovação de outorgas – todas, menos, em sua versão original, as detentoras de autorizações para executar os serviços de radiodifusão comunitária. Ou seja, as rádios comunitárias enquadradas neste caso perderiam suas outorgas, não fosse uma alteração do texto promovida pelo Congresso Nacional, para estender a elas o benefício da anistia. Outro dispositivo deste documento extinguiu a necessidade de anuência prévia às transferências indiretas de outorga – em outras palavras, a mudança de controladores das empresas detentoras de outorgas não depende mais de aceite anterior do ministério, o que implica em diminuição da possibilidade de regulação econômica do setor.

Outras políticas públicas de radiodifusão tiveram sequência. Em linhas gerais, seguiu, conforme imaginada anteriormente, a digitalização da TV, pré-requisito para a cessão da faixa de 700 MHz para as prestadoras de serviços de telecomunicações, tal como previsto em edital. Também teve continuidade a política de migração das antigas emissoras AM para a faixa de FM, antigo pleito das emissoras comerciais.

A medida provisória que, ao dispor sobre a EBC, rompeu com princípios básicos da radiodifusão pública, foi editada exatamente um ano depois de o antigo governo ter proposto uma das maiores ações de expansão daquele sistema. No dia 1º de setembro de 2015, foi assinado acordo de cooperação por sete órgãos e entidades federais, que sinalizava a migração dos canais do Poder Executivo federal para a TV Digital nos maiores municípios brasileiros.

Além desta, outras políticas e ações no campo da radiodifusão pública haviam se tornado conhecidas nos anos anteriores, como, por exemplo, a regulamentação do processo de outorga de radiodifusão educativa; o aprimoramento das regras de outorga para a radiodifusão comunitária; os Planos Nacionais de Outorgas; a regulamentação dos canais da Cidadania, da Educação e da Cultura; a atribuição preferencial da faixa de VHF Alto, quando e onde necessário, para esses canais na TV Digital; a definição regulamentar da multiprogramação; a regulamentação das consignações da União e o apoio a laboratórios de produção de novos conteúdos interativos nas emissoras educativas. O governo de Dilma Rousseff chegou ao fim, depois de formular e implementar uma série de medidas que contribuíram para o avanço dos sistemas estatal e público de radiodifusão.

Não foi, contudo, um governo voltado apenas para esses sistemas – também as emissoras comerciais seriam atendidas por diversas ações. A principal delas, demanda antiga e crescente depois das dúvidas sobre o rádio digital, foi a migração das emissoras AM para a faixa FM. As emissoras de TV perderam a faixa de 700 MHz e, com ela, pouco menos de vinte canais, o que poderia, à época, ser interpretado como uma derrota frente ao setor de telecomunicações. Essa batalha, no entanto, como se procurou apresentar, estava decidida alguns anos antes no plano internacional. Além disso, no Brasil, a perda da faixa foi acompanhada da garantia de que todas as emissoras e retransmissoras de TV existentes no mundo analógico continuariam a operar no digital. As prestadoras de serviços de telecomunicações vitoriosas na licitação da faixa comprometeram-se, ainda, a ressarcir as emissoras pelos investimentos realizados e a custear a recepção dos sinais pela população de baixa renda. Esse conjunto de contrapartidas tem permitido a transição da TV rumo à plataforma digital em bases bem mais seguras que as imaginadas anteriormente. Além disso, o sistema privado contou com alterações legais e revisões de fluxos e dinâmicas processuais internos do ministério - das quais também se beneficiaram os demais sistemas -, que levaram a uma tramitação mais razoável dos processos, principalmente, de pós-outorga, ou seja, dos atos posteriores à obtenção das outorgas. Possibilidades de realização de alterações simples nas características das outorgas e mudanças dos quadros societários sem necessidade de prévia anuência do Poder Público ajudaram a reduzir a burocracia e a destravar a gestão das entidades detentoras de outorgas de radiodifusão.

A decisão de não encaminhar ao Congresso Nacional um projeto de lei do Poder Executivo sobre a regulação do setor levou ao não tratamento de aspectos estruturantes da radiodifusão. Assim, temas como o financiamento do sistema público de radiodifusão (aí incluída a radiodifusão comunitária); controle de emissoras de radiodifusão por políticos com mandato em vigor; veiculação de programações majoritariamente religiosas; regulação econômica levando-se em consideração a atuação de grupos, e não apenas de entidades; limites mínimos para a veiculação de conteúdos de produção independente pelas emissoras, dentre tantos outros, permaneceram em situação análoga à existente anteriormente. Algumas das ações descritas nos capítulos anteriores poderiam ter sido consagradas, também, em lei, não se limitando a regulamentos e medidas internos do ministério.

A despeito dessas questões, as políticas públicas de radiodifusão no governo de Dilma Rousseff representam avanço considerável em relação ao cenário anterior. O desafio das gestões futuras deveria ser a caracterização de várias políticas dessas não como próprias de um governo, mas, sim, como de Estado. Mantê-las e, depois, aprofundá-las são passos importantes para garantir o fortalecimento dos sistemas público, privado e estatal de radiodifusão, definidos como complementares pela Constituição Federal e vinculados ao fortalecimento do pluralismo, elemento estruturante da democracia.

Referências

Leis

BRASIL. Lei nº 4117, de 27 de agosto de 1962. **Diário Oficial da República Federativa do Brasil**, Brasília, DF, 05 out. 1962.

_____. Lei nº 8.977, de 6 de janeiro de 1995. **Diário Oficial da União**, Brasília, DF, 9 jan. 1995.

_____. Lei nº 9.472, de 16 de julho de 1997. **Diário Oficial da União**, Brasília, DF, 17 jul. 1997.

_____. Lei nº 9.612, de 19 de fevereiro de 1998. **Diário Oficial da União**, Brasília, DF, 20 fev. 1998.

_____. Lei nº 11.451, de 7 de fevereiro de 2007. **Diário Oficial da União**, Brasília, DF, 8 fev. 2007.

_____. Lei nº 11.647, de 24 de março de 2008. **Diário Oficial da União**, Brasília, DF, 25 mar. 2008.

_____. Lei nº 11.652, de 07 de abril de 2008. **Diário Oficial da União**, Brasília, DF, 07 abr. 2008.

_____. Lei nº 11.897, de 30 de dezembro de 2008. **Diário Oficial da União**, Brasília, DF, 31 dez. 2008.

_____. Lei nº 12.214, de 26 de janeiro de 2010. **Diário Oficial da União**, Brasília, DF, 27 jan. 2010.

_____. Lei nº 12.381, de 9 de fevereiro de 2011. **Diário Oficial da União**, Brasília, DF, 10 fev. 2011.

_____. Lei nº 12.485, de 12 de setembro de 2011. **Diário Oficial da União,** Brasília, DF, 13 set. 2011.

_____. Lei nº 12.595, de 19 de janeiro de 2012. **Diário Oficial da União,** Brasília, DF, 20 jan. 2012.

_____. Lei nº 12.798, de 4 de abril de 2013. **Diário Oficial da União,** Brasília, DF, 5 abr. 2013.

_____. Lei nº 12.952, de 20 de janeiro de 2014. **Diário Oficial da União,** Brasília, DF, 21 jan. 2014.

_____. Lei nº 13.115, de 20 de abril de 2015. **Diário Oficial da União,** Brasília, DF, 22 abr. 2015.

_____. Lei nº 13.146, de 6 de julho de 2015. **Diário Oficial da União,** Brasília, DF, 7 jul. 2015.

_____. Lei nº 13.255, de 14 de janeiro de 2016. **Diário Oficial da União,** Brasília, DF, 15 jan. 2016.

_____. Lei nº 13.417, de 1º de março de 2017. **Diário Oficial da União,** Brasília, DF, 2 mar. 2017.

_____. Lei nº 13.424, de 28 de março de 2017. **Diário Oficial da União,** Brasília, DF, 29 mar. 2017.

Decretos-lei

BRASIL. Decreto-Lei nº 236, de 28 de fevereiro de 1967. **Diário Oficial da República Federativa do Brasil,** Brasília, DF, 28. fev. 1967.

Decretos

BRASIL. Decreto nº 52.795, de 31 de outubro de 1963. **Diário Oficial da República Federativa do Brasil,** Brasília, DF, 12 nov. 1963.

_____. Decreto nº 2.196, de 08 de abril de 1997. **Diário Oficial da União,** Brasília, DF, 09 abr. 1997.

_____. Decreto nº 2.615, de 3 de junho de 1998. **Diário Oficial da União,** Brasília, DF, 4 jun. 1998.

_____. Decreto nº 2.617, de 5 de junho de 1998. **Diário Oficial da União,** Brasília, DF, 6 jun. 1998.

_____. Decreto nº 4.901, de 26 de novembro de 2003. **Diário Oficial da União,** Brasília, DF, 27 nov. 2003.

_____. Decreto nº 5.371, de 17 de fevereiro de 2005. **Diário Oficial da União,** Brasília, DF, 18 fev. 2005.

_____. Decreto nº 5.820, de 29 de junho de 2006. **Diário Oficial da União,** Brasília, DF, 30. jun. 2006.

_____. Decreto nº 7.462, de 19 de abril de 2011. **Diário Oficial da União,** Brasília, DF, 20. abr. 2011.

_____. Decreto nº 7.670, de 16 de janeiro de 2012. **Diário Oficial da União,** Brasília, DF, 17. jan. 2012.

_____. Decreto nº 8.061, de 29 de julho de 2013. **Diário Oficial da União,** Brasília, DF, 30 jul. 2013.

_____. Decreto nº 8.139, de 7 de novembro de 2013. **Diário Oficial da União,** Brasília, DF, 8 nov. 2013.

_____. Decreto nº 8.730, de 29 de abril de 2016. **Diário Oficial da União,** Brasília, DF, 2 mai. 2016.

Outras normas

ANATEL. Resolução nº 617, de 19 de junho de 2013. **Diário Oficial da União,** Brasília, DF, 21 jun. 2013.

MINISTÉRIO DA EDUCAÇÃO. Portaria nº 111, de 25 de fevereiro de 2016. **Diário Oficial da União,** Brasília, DF, 26 fev. 2016.

MINISTÉRIO DA SAÚDE. Portaria nº 4.161, de 21 de dezembro de 2010. **Diário Oficial da União,** Brasília, DF, 24 dez. 2010.

MINISTÉRIO DAS COMUNICAÇÕES. Portaria nº 310, de 27 de junho de 2006. **Diário Oficial da União,** Brasília, DF, 28 jun. 2006.

_____. Portaria nº 450, de 22 de junho de 2007. **Diário Oficial da União,** Brasília, DF, 23 jun. 2007.

_____. Portaria nº 188, de 24 de março de 2010. **Diário Oficial da União,** Brasília, DF, 25 mar. 2010.

_____. Portaria nº 189, de 24 de março de 2010. **Diário Oficial da União,** Brasília, DF, 25 mar. 2010.

_____. Portaria nº 256, de 6 de julho de 2011. **Diário Oficial da União,** Brasília, DF, 7 jul. 2011.

_____. Portaria nº 420, de 14 de setembro de 2011. **Diário Oficial da União,** Brasília, DF, 19 set. 2011.

_____. Portaria nº 462, de 14 de outubro de 2011. **Diário Oficial da União,** Brasília, DF, 18 out. 2011.

_____. Portaria nº 498, de 5 de dezembro de 2011. **Diário Oficial da União,** Brasília, DF, 6 dez. 2011.

_____. Portaria nº 561, de 22 de dezembro de 2011. **Diário Oficial da União,** Brasília, DF, 26 dez. 2011.

_____. Portaria nº 106, de 2 de março de 2012. **Diário Oficial da União,** Brasília, DF, 5 mar. 2012.

_____. Portaria nº 312, de 26 de junho de 2012. **Diário Oficial da União,** Brasília, DF, 27 jun. 2012.

_____. Portaria nº 355, de 12 de julho de 2012. **Diário Oficial da União,** Brasília, DF, 13 jul. 2012.

_____. Portaria nº 1.613, de 9 de agosto de 2012. **Diário Oficial da União,** Brasília, DF, 10 ago. 2012.

_____. Portaria nº 365, de 14 de agosto de 2012. **Diário Oficial da União,** Brasília, DF, 15 ago. 2012.

_____. Portaria nº 366, de 14 de agosto de 2012. **Diário Oficial da União,** Brasília, DF, 15 ago. 2012.

_____. Portaria nº 486, de 18 de dezembro de 2012. **Diário Oficial da União,** Brasília, DF, 19 dez. 2012.

_____. Portaria nº 489, de 18 de dezembro de 2012. **Diário Oficial da União,** Brasília, DF, 19 dez. 2012.

_____. Portaria nº 14, de 6 de fevereiro de 2013. **Diário Oficial da União,** Brasília, DF, 7 fev. 2013.

_____. Portaria nº 57, de 13 de março de 2013. **Diário Oficial da União,** Brasília, DF, 14 mar. 2013.

_____. Portaria nº 112, de 22 de abril de 2013. **Diário Oficial da União,** Brasília, DF, 23 abr. 2013.

_____. Portaria nº 197, de 1º de julho de 2013. **Diário Oficial da União,** Brasília, DF, 2 jul. 2013.

_____. Portaria nº 282, de 25 de setembro de 2013. **Diário Oficial da União,** Brasília, DF, 26 set. 2013.

_____. Portaria nº 4, de 17 de janeiro de 2014. **Diário Oficial da União,** Brasília, DF, 20 jan. 2014.

_____. Portaria nº 127, de 12 de março de 2014. **Diário Oficial da União,** Brasília, DF, 13 mar. 2014.

_____. Portaria nº 477, de 20 de junho de 2014. **Diário Oficial da União,** Brasília, DF, 23 jun. 2014.

_____. Portaria nº 481, de 9 de julho de 2014. **Diário Oficial da União,** Brasília, DF, 10 jul. 2014.

_____. Portaria nº 1.581, de 9 de abril de 2015. **Diário Oficial da União,** Brasília, DF, 13 abr. 2015.

_____. Portaria nº 4.334, de 17 de setembro de 2015. **Diário Oficial da União,** Brasília, DF, 21 set. 2015.

_____. Portaria nº 4.335, de 17 de setembro de 2015. **Diário Oficial da União,** Brasília, DF, 21 set. 2015.

_____. Portaria nº 6.467, de 24 de novembro de 2015. **Diário Oficial da União,** Brasília, DF, 25 de novembro de 2015.

_____. Portaria nº 6.413, de 2 de dezembro de 2015. **Diário Oficial da União,** Brasília, DF, 3 dez. 2015.

_____. Portaria nº 1.383, de 8 de abril de 2016. **Diário Oficial da União,** Brasília, DF, 13 de abril de 2016.

_____. Portaria nº 2.253, de 27 de abril de 2017. **Diário Oficial da União,** Brasília, DF, 28 de abril de 2017.

MINISTÉRIO DAS COMUNICAÇÕES; MINISTÉRIO DA CULTURA. Portaria Interministerial nº 4.074, de 26 de agosto de 2015. **Diário Oficial da União,** Brasília, DF, 27 de agosto de 2015.

MINISTÉRIO DAS COMUNICAÇÕES; MINISTÉRIO DA EDUCAÇÃO. Portaria Interministerial nº 2.098, de 14 de maio de 2015. **Diário Oficial da União,** Brasília, DF, 15 de maio de 2015.

Publicações

AGÊNCIA BRASIL. **Américo Martins deixa presidência da EBC.** 2 fev. 2016. Disponível em: <http://agenciabrasil.ebc.com.br/geral/noticia/2016-02/americo-martins-deixa-presidencia-da-ebc>. Acesso em: 10 fev. 2017.

AMADEU, Nayana. Justiça acata recurso da Abert que beneficia rádios comerciais. **Informabr.com,** 15 mai. 2015. Disponível em: < http://informabr.com/noticias/3049/justica-acata-recurso-da-abert-que-beneficia-radios-comerciais>. Acesso em: 6 mai. 2017.

BRANDT, Fábio. Leia a íntegra da entrevista de Paulo Bernardo à Folha e ao UOL. **Folha de S. Paulo,** 17 ago. 2011. Disponível em:

<http://www1.folha.uol.com.br/poder/poderepolitica/paulo_bernardo-2.shtml?mobile>. Acesso em: 15 fev. 2017.

BRASIL. Rádio de Juazeiro do Norte será a primeira a migrar da AM para a FM. **Portal Brasil**, 18 mar. 2016. <http://www.brasil.gov.br/infraestrutura/2016/03/radio-de-juazeiro-do-norte-sera-a-primeira-a-migrar-da-am-para-a-fm>. Acesso em: 8 fev. 2017.

BREVE, Nelson. O drama sem fim das rádios comunitárias. **A Rede: Tecnologia para Inclusão Social**, n. 19, out. 2006. Disponível em: <http://www.revista.arede.inf.br/site/edicao-n-19-outubro-2006/3272-capa-o-drama-sem-fim-das-radios-comunitarias>. Acesso em: 26 fev. 2017.

BUCCI, Eugênio. **Em Brasília, 19 horas: A guerra entre a chapa-branca e o direito à informação no primeiro governo Lula**. Rio de Janeiro, Record, 2008.

COELHO, Mario. Eduardo Cunha: PMDB é contra regulação da mídia. **Congresso em Foco**, 3 jan. 2015. Disponível em: <http://congressoemfoco.uol.com.br/noticias/eduardo-cunha-pmdb-e-contra-regulacao-da-midia/>. Acesso em: 1º mai. 2017.

FCC. **FCC's Review of the Broadcast Ownership Rules**. 2015. Disponível em: <https://www.fcc.gov/guides/review-broadcast-ownership-rules>. Acesso em: 1º mai. 2017.

HERZ, Daniel. **A História Secreta da Rede Globo**. Porto Alegre: Tchê! Editora Ltda., 1988.

IBOPE. **Mídia Dados**. 2017. Disponível em: < https://dados.media/#/app/categories/>. Acesso em: 1º mai. 2017.

LEAL, Luciana Nunes. "Aborto só vai a votação se passar pelo meu cadáver", diz Cunha. **Estadão**, 9 fev. 2015. Disponível em: <http://brasil.estadao.com.br/blogs/estadao-rio/aborto-so-vai-a-votacao-se-passar-pelo-meu-cadaver-diz-cunha/>. Acesso em: 1º mai. 2017.

LEAL, Luciana Nunes; THOMÉ, Clarissa. Brasil tem 45,6 milhões de deficientes. **Agência Estado**, 29 jun. 2012. Disponível em: <http://www.estadao.com.br/noticias/geral,brasil-tem-45-6-milhoes-de-deficientes,893424>. Acesso em: 1º mai. 2017.

LIMA, Mauricio. Diretor da EBC pede demissão após ingerência política. **Veja.com**, 2 fev. 2016. Disponível em: <http://veja.abril.com.br/blog/radar-on-line/diretor-da-ebc-pede-demissao-apos-ingerencia-politica/>. Acesso em: 10 fev. 2017.

LIMA, Vandson. Constituição deve nortear regulação da mídia, diz Franklin Martins. **Valor Econômico**, 25 nov. 2011. Disponível em: <http://www2.valor.com.br/politica/1111322/constituicao-deve-nortear-regulacao-da-midia-diz-franklin-martins>. Acesso em: 15 fev. 2017.

MARQUES, Keila. Ministério deve reduzir em 60% número de processos até 2014. **Panorama Audiovisual**, 21 jun. 2012. Disponível em: <http://www.panoramaaudiovisual.com.br/2012-06-ministerio-deve-reduzir-em-60-numero-de-processos-ate-2014-8055>. Acesso em: 14 fev. 2017.

MARINI, Ana Rita; GÖRGEN, James. Empresários implantam rádio digital antes da decisão do governo. **E-Fórum / Notícias FNDC**, 25 ago. 2016. Disponível em: <http://fndc.org.br/noticias/empresarios-implantam-radio-digital-antes-da-decisao-do-governo-86058/>. Acesso em: 8 fev. 2017.

MASSARO, Carlos. Justiça Federal suspendeu Portaria do Ministério das Comunicações. 26 fev. 2014. Disponível em: <http://www.abert.org.br/web/index.php/clippingmenu/item/22319-justica-determina-que-radio-comunitaria-nao-pode-ter-publicidade-oficial>. Acesso em: 6 mai. 2017.

MATAIS, Andreza. Governo livra 3.000 emissoras de rádio e TV de processos. **Folha de S. Paulo**, 17 fev. 2011. Disponível em: <http://www1.folha.uol.com.br/fsp/poder/po1702201118.htm>. Acesso em: 14 fev. 2017.

MELO, Débora. O que está por trás da saída do presidente da EBC? **Carta Capital**, 4 fev. 2016. Disponível em: <http://www.cartacapital.com.br/sociedade/o-que-esta-por-tras-da-saida-do-presidente-da-ebc>. Acesso em: 10 fev. 2017.

MINISTÉRIO DA CIÊNCIA, TECNOLOGIA, INOVAÇÕES E COMUNICAÇÕES. **Sistema Eletrônico de Informações é lançado e entra em operação no dia 1º**. 27 jul. 2016a. Disponível em: <http://www.mcti.gov.br/noticia/-/asset_publisher/epbV0pr6eIS0/content/sistema-eletronico-de-informacoes-e-lancado-e-entra-em-operacao-no-dia-1%C2%BA>. Acesso em: 30 abr. 2017.

MINISTÉRIO DAS COMUNICAÇÕES. **Caderno 1ª Confecom – Conferência Nacional de Comunicação**. 2010. Disponível em: <http://www.biblioteca.presidencia.gov.br/presidencia/dilma-vana-rousseff/publicacoes/orgao-essenciais/secom/caderno-1a-cofecom-conferencia-nacional-de-comunicacao/@@download/file/confecom-14_10_2010.pdf>. Acesso em: 1º mai. 2017.

_____. **Plano Nacional de Outorgas de Radiodifusão Comunitária – 2011**. 2011a. Disponível em: <http://www2.mcti.gov.br>. Acesso em: 1 mai. 2017.

_____. **Plano Nacional de Outorgas de Radiodifusão Educativa – 2011**. 2011b. Disponível em: <http://www2.mcti.gov.br>. Acesso em: 1 mai. 2017.

_____. **Plano Nacional de Outorgas de Radiodifusão Comunitária – 2012-13**. 2011c. Disponível em: <http://www2.mcti.gov.br>. Acesso em: 1 mai. 2017.

_____. **Conselho Consultivo de Rádio Digital**. Out. 2012. Apresentação feita por Octavio Penna Pieranti ao Conselho Consultivo de Rádio Digital.

_____. **Acessibilidade na TV Brasileira**. 16 out. 2013a. Apresentação de Octavio Penna Pieranti ao Conade.

_____. **Rádio Digital no Brasil**. 17 set. 2013b. Apresentação feita por Octavio Penna Pieranti no Senado Federal.

_____. **Radiodifusão Comunitária**. 29 out. 2013c. Apresentação feita por Octavio Penna Pieranti na Câmara dos Deputados.

_____. **Sanções aplicadas em emissoras de radiodifusão**. Disponível em: <http://www.comunicacoes.gov.br>. Acesso em: 3 mar. 2014a.

_____. **RTV – Força-Tarefa**. 24 set. 2014b. Disponível em: <http://www2.mcti.gov.br/index.php/espaco-do-radiodifusor/rtv/forca-tarefa-de-rtv>. Acesso em: 14 fev. 2017.

_____. **Plano Nacional de Outorgas de Radiodifusão Educativa – 2015-16.** 2015a. Disponível em: <http://www2.mcti.gov.br>. Acesso em: 1 mai. 2017.

_____. **Plano Nacional de Outorgas de Radiodifusão Comunitária – 2015-17.** 2015b. Disponível em: <http://www2.mcti.gov.br>. Acesso em: 1 mai. 2017.

_____. Concurso INOVApps. 2015c. Disponível em: <http://www2.mcti.gov.br/index.php/conteudos-digitais-criativos/inovapps/concurso-inovapps>. Acesso em: 1º mai. 2015.

_____. **Plano Nacional de Outorgas de Radiodifusão Comunitária – 2017-19.** 2016a. Disponível em: <http://www2.mcti.gov.br>. Acesso em: 1 mai. 2017.

_____. **Plano Nacional de Outorgas de Radiodifusão Comunitária – Comunidades Tradicionais.** 2016b. Disponível em: <http://www2.mcti.gov.br>. Acesso em: 1 mai. 2017.

_____. **Plano Nacional de Outorgas de Radiodifusão Comunitária – 2016-17.** 2016c. Disponível em: <http://www2.mcti.gov.br>. Acesso em: 1 mai. 2017.

_____. **Entidades concorrentes a avisos de habilitação de radiodifusão comunitária.** 2016d. Disponível em: <http://www.mc.gov.br>. Acesso em: 22 nov. 2016.

_____. **Consignações da União.** 2 mai. 2016e. Apresentação de Octavio Penna Pieranti no Seminário "Rede Legislativa".

_____. **Solicitações de outorgas do Canal da Cidadania.** 2016f. Disponível em: <http://www.mc.gov.br>. Acesso em: 22 nov. 2016.

MINISTÉRIO DO PLANEJAMENTO. **Boletim Estatístico de Pessoal e Informações Organizacionais nº 177**. Brasília-DF: Ministério do Planejamento, jan. 2011. Disponível em: <http://www.planejamento.gov.br/assuntos/gestao-publica/arquivos-e-publicacoes/boletim-estatistico-de-pessoal-2000-a-2012 >. Acesso em: 1º mai. 2017.

_____. **Boletim Estatístico de Pessoal e Informações Organizacionais nº 241**. Brasília-DF: Ministério do Planejamento, mai. 2016. Disponível em: <http://www.planejamento.gov.br/assuntos/gestao-publica/arquivos-e-publicacoes/BEP>. Acesso em: 1º mai. 2017.

OFCOM. Disponível em: <https://stakeholders.ofcom.org.uk/binaries/research/media-literacy/media-ownership/morr-2012-statement.pdf>. Acesso em: 15 mar. 2012.

PERES, João. Hélio Costa garantiu adoção de padrão dos EUA de rádio digital como "consolação". **Pública**, 30 jun. 2011. <http://apublica.org/2011/06/wikileaks-helio-costa-garantiu-adocao-de-padrao-dos-eua-de-radio-digital-como-%E2%80%9Cconsolacao%E2%80%9C/>. Acesso em: 8 fev. 2017.

PERRONE, Roberto; DONZELLI, Valderez. ABERT – 25º Congresso. **Revista da SET**, n. 107, 2009. Disponível em: <http://www.set.org.br/revista-da-set/abert-25o-congresso/>. Acesso em: 8 fev. 2017.

PERUZZO, Cicilia M. Krohling. Rádios Comunitárias no Brasil: da desobediência civil e particularidades às propostas aprovadas na CONFECOM. In: ENCONTRO ANUAL DA COMPÓS, 2010, Rio de

Janeiro. Disponível em: <http://compos.com.puc-rio.br/media/g6_cicilia_peruzzo.pdf>. Acesso em: 26 fev. 2010.

PIERANTI, Octavio Penna. **O Estado e as Comunicações no Brasil: Construção e Reconstrução da Administração Pública**. Brasília, DF: Abras/Lecotec, 2011.

_____. Planejamento das outorgas de radiodifusão no Brasil: evolução histórica dos serviços e perspectivas futuras. **Eptic Online,** v. 17, n. 1, jan-abr. 2015.

_____. Mudança de rumo na radiodifusão educativa: estabelecimento de regras para novas outorgas e implementação de uma política de massificação do serviço (2011-2016). **Eptic Online,** v. 18, n. 3, set-dez. 2016.

POSSEBON, Samuel. "Regulação da mídia": uma história com vários capítulos. **Teletime**, 6 jan. 2015. Disponível em: <http://convergecom.com.br/teletime/06/01/2015/regulacao-da-midia-uma-historia-com-varios-capitulos/>. Acesso em: 16 fev. 2017.

_____. Radiodifusores não querem abrir dados econômico-financeiros ao Ministério das Comunicações. **Teletime**, 13 abr. 2016. Disponível em: <http://convergecom.com.br/teletime/13/04/2016/radiodifusores-nao-querem-abrir-dados-economico-financeiros-ao-ministerio-das-comunicacoes/>. Acesso em: 1º mai. 2017.

SECOM. **Pesquisa Brasileira de Mídia 2014**. 2014. Disponível em: <http://observatoriodaimprensa.com.br/download/PesquisaBrasileiradeMidia2014.pdf>. Acesso em: 1º mai. 2017.

_____. **Pesquisa Brasileira de Mídia 2015**. 2015. Disponível em: <http://www.secom.gov.br/atuacao/pesquisa/lista-de-pesquisas-

quantitativas-e-qualitativas-de-contratos-atuais/pesquisa-brasileira-de-midia-pbm-2015.pdf>. Acesso em: 1º mai. 2017.

_____. **Pesquisa Brasileira de Mídia 2016**. 2016. Disponível em: <http://www.pesquisademidia.gov.br/>. Acesso em: 1º mai. 2017.

TCU. Acórdão nº 1356/2015. **Processo nº TC 031.964/2014-1**. Disponível em: <https://contas.tcu.gov.br/pesquisaJurisprudencia/#/detalhamento/11/3196420141.PROC/%2520/DTRELEVANCIA%2520desc%252C%2520NUMACORDAOINT%2520desc/false/1>. Acesso em: 1º mai. 2017.

TOMAZINI, Milena. Abert ingressará na Justiça contra portaria de rádio comunitária. Abert, 21 set. 2015. Disponível em: <http://www.abert.org.br/web/index.php/notmenu/item/24258-abert-ingressara-na-justica-contra-portaria-de-radio-comunitaria>. Acesso em: 6 mai. 2017.

WIMMER, Miriam. **Direitos, Democracia e Acesso aos Meios de Comunicação de Massa: Um Estudo Comparado sobre Pluralismo Interno na Televisão**. Scotts Valley, CA: CreateSpace, 2014.

www.ingramcontent.com/pod-product-compliance
Lightning Source LLC
Chambersburg PA
CBHW060746050426
42449CB00008B/1308